球児へ贈る
こころの
メッセージ

高校球児が孝行球児になる日

悩んだり迷ったりしながら
高校野球を
続けていませんか？

年中夢球 *Nenjyu Mukyu*

高校野球を最後までやり遂げる奇跡

「レギュラーになれない」「監督と合わない」「仲間とうまくいかない」……高校球児たちは様々な悩みを持ち、時には大好きであった野球を辞めてしまう選手もいます。

多くの高校球児が悩みを打ち明けられず一人でもがいています。また、球児のお父さんお母さんもそんな我が子にどんな声を掛けていいかわからないで苦しんでいます。高校野球を続けるのは想像以上に辛く、大変であり、最後までやり遂げるのは大げさでもなんでもなく奇跡だと思っています。

「野球を楽しくやりたい」そう思うのは誰も同じです。しかし、その楽しさは一人一人違うはずです。「エンジョイベースボール」という言葉が多く使われるようになってきましたが、この「エンジョイ」は一人一人違います。自分にとってどういう野球が「エンジョイベースボール」なのかを君自身がしっかり持っていてほしいのです。それは、ガッツリやる野球なのかもしれません。

勝敗にそれほどこだわらず仲間と楽しむ野球なのかもしれません。どちらにしても間違えてほしくないのは、野球が上手な選手だからといって高校野球をやり遂げられるわけではないということです。野球を好きな選手だけが最後までたどり着けるのです。野球が好きというのは簡単ですが、野球を好きであり続けることは非常に難しいものです。

高校野球を続けていく上で君たちにいろいろな壁が立ちはだかるでしょう。監督からの厳しい言葉やがんばっているのにレギュラーを取れない苛立ちなど野球が楽しくないと感じることが出てくるかもしれません。それでも「野球が好き」という気持ちが上回ってほしいのです。野球を好きであり続け、高校野球最後の夏までたどり着いてほしいのです。

本書は高校1年の春から高校3年の夏までに君たちに起こりうる悩みを時系列に書いています。君たちの悩みがこの本で解決され、高校野球をやり遂げることを願いこの本を書きました。

また、高校野球という短そうで長い時間、誰もがたどり着けそうでたどり着けない高校野球最後のステージ、高校野球を最後までやるのは奇跡です。その奇跡のための軌跡を一緒に歩んでいきましょう。

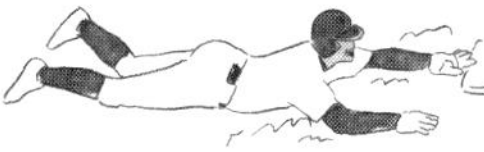

第7章

高校2年 秋
新チームを引っ張るのは君だ

第8章

高校2年 冬
この冬を乗り越えた先に見えるもの

COLUMN 2

第9章

高校3年 春
春が来た! 夏も来る! やるしかない!

第10章

高校3年 夏 高校球児から孝行球児になる夏

COLUMN 3

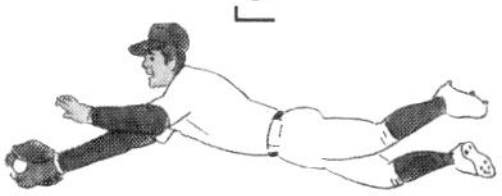

第11章

高校野球を目指す中学生へ

COLUMN 4

第12章

背番号の意味

対談

あとがき

いよいよ始まる
高校野球
希望と責任を持つ春！

第1章

高校1年 春

高校野球の世界へようこそ

3年間、野球を好きでいられますか?

高校野球の扉を開けた皆さん。今、どんな気持ちでしょうか?

高校球児になったワクワクする期待感もあれば、ドキドキする不安な気持ちもあるでしょう。おそらく多くの選手が少年野球から野球をやり始め、中学野球を経て、高校野球までたどり着いてこの時を迎えています。

高校野球を始める君たちは「野球少年」から「高校球児」となるわけです。新しい世界に挑んでいくことは心配もたくさんあるでしょう。しかし、ここまで野球を続けてきた君たちだからこそ高校の3年間も野球をやり続けられるはずです。

ではどうしたら高校野球を3年間続けることができるのでしょうか。

それは「野球を好きであり続けること」です。高校野球をやろうかどうか迷っていた選手もいるでしょう。「自分は高校野球で通用するのかな」「厳しい先生や先輩がいたら嫌だな」「キツイ練習についていけるかな」……いろいろな迷いがあっても高校野球の扉を開けたのは、「野球が好き」という気持ちが勝ったからですよね。

高校野球も同じです。「野球が好き」と言うのはある意味で簡単ですが、「野球を好きであり続けること」は簡単ではありません。高校野球になっても様々なことが君たちを待ち受けているはずです。

野球を続けるのは楽しいことばかりではありません。辛いこともたくさん出てくるかもしれません。そういう時でも「野球が好き」という気持ちが勝ってほしいのです。それが高校野球を続ける道です。

野球少年から高校球児に変わって、野球の楽しさは変わっていきます。少年野球の時の楽しさと高校野球の楽しさは違うものなのです。練習を重ねていくうちにきっと楽しさの質が変わってくるのに気づくことでしょう。でも、「野球が好き」という気持ちは同じであってほしいのです。

高校野球を最後までやり遂げるのは上手いから、試合に出ているからということではありません。野球が好きかどうかなのです。

高校野球の初日に見えるもの

ある高校野球の監督さんとお話をさせていただいた時に、「高校野球の初日に彼らの今までの野球人生が見えてきます」と聞いたことがあります。

それはどういうことかというと、挨拶の仕方や返事、バッグの置き方やグラウンド整備の仕方……その選手の振る舞いを見ていると今までどういう野球をしてきたのかがわかるということなのです。

少年野球や中学野球でそういう部分をしっかり指導してくださったチームもあれば、残念ながら勝ち負けばかりを優先し、心の部分まで指導できていないチームもあったでしょう。そして、それを君たちも初日に感じたのではないでしょうか。

プレー以外のことがきちんとできていた選手は行動が早く、道具を出すことやバッグの並べ方に迷いがなかったはず。少年野球や中学野球の教えで身についているから当たり前にできるのです。そんな選手は、当時は厳しいと感じていたかもしれませんが、少年野球や中学野球のチームに改めて感謝しなければなりません。

逆にプレー以外の部分をあまり指導されなかった選手もいるでしょう。今さらそれをあれこれ言っても仕方ありません。いい選手の動きを見て真似てください。そして、形だけやらないようにすることです。形だけの挨拶や形だけの返事ではなく心を込めること。

形だけやっていて心がないのは裏表のある選手です。裏表のある選手というのは試合にもその裏表が出てきてしまいます。しかも、それは大きな大会や大事な場面に限って出てきてしまうものなのです。

プレーと挨拶は繋がっています。もっと言えばプレーと私生活も繋がっています。部屋が乱れている選手はプレーも乱れます。挨拶を適当にしている選手はプレー中の声掛けにもその適当さが出てしまうのです。

よく「俺は野球だけはがんばっている」という選手がいますが、本人は「野球だけ」できたと思っていても実際はすべてのことが影響するのが野球というスポーツなのです。

高校球児としての「自覚」と「責任」を胸に秘める

野球少年から高校球児になったことで君たちには「自覚」と「責任」という言葉がついてきます。少年野球で許されていたことも高校野球では許されないことが出てくるわけです。もっと厳しい言い方をすると、高校生でありながら「責任を負わなければいけない」ことも出てきます。

ニュースを見ていると残念ながら高校球児の不祥事を目にすることがあります。飲酒・喫煙・いじめ……こういった不祥事で大事な大会を辞退するケースも少なくありません。

高校に入学したばかりの君たちにとってはそんな話は「無縁だ」と今は感じるでしょう。おそらくこのような不祥事を起こしてしまった選手も高校入学の時は、君たちと同じ気持ちだったに違いありません。それが、高校生活に慣れ始め、どこかで歯車が狂い出して、このようなことを起こしてしまったのだろうと思います。もちろん後悔をしたと誰もが思うでしょうが過ぎてしまった時間は元に戻りません。

高校球児の責任とは自分だけの責任ではありません。もし、今、仮に喫煙やいじめをしている選手がいたら絶対にやめなければいけません。

君がもし、喫煙やいじめをしてチームが大事な大会を辞退することになったら……。それが高校生活最後の夏だとしたら……。

3年生の夏は特別なものです。君のせいで先輩の最後の夏を奪うことは絶対にしてはいけません。そこに賭けて一生懸命練習してきた部員の努力を一瞬で終わりにしてしまうのです。

部員の数だけ家族がいます。家族の方も我が子の最後の夏までにいろいろなことを乗り越えてやってきたはずです。不祥事ですべてをなくしてしまうのは部員全員とその家族の夢も奪うことになります。

高校球児としての自覚と責任がなければ他人の夢を奪いかねないということを忘れないでください。そして、何より君自身と君の家族がずっと重い十字架を背負って生きていかなければならないのです。

中学までの自分を捨てるところから始める

高校球児になったからといって君たちが忘れてはいけないことがたくさんあります。そのひとつは、感謝の気持ちや最後までがんばる大切さなどの「こころ」の部分で得たものです。

しかし、中学までのポジションや自分の立場、プライドのようなものは一度リセットしたほうがいいものです。

少年野球や中学野球で「スーパー小学生」とか「中学野球の怪物」などと言われた選手もいるかもしれません。今まで築いてきたものではあるのですが、リセットしましょう。そういう選手の中には「俺は特別なんだ」「みんなに注目されているんだ」と思っている選手がいるものです。自分に自信や誇りを持つのはいいことです。でも、その自信が間違った方向に進むとそれは「傲《おご》り」になります。

傲りとは、自分は特別だと思い込み、油断し、人を上から見下すことを言います。傲りの気持ちは周りが見えず自分のことばかりになります。残念ながら大人でもこの傲りを持っている人がいます。傲りのある選手が忘れてしまうもの、それは周りへの感謝の気持ちです。

少年野球や中学野球では素晴らしかったとしても傲りの気持ちを持っていると高校野球において君の成長を妨げます。一旦、原点に戻ってみましょう。

逆に中学までレギュラーを取れなかったり結果が出なかった選手。どうしたら結果が出るのかと考えるのは大事なことですが、「中学でレギュラーじゃなかったから高校でも無理だろうな」と考える必要はありません。私の教え子でも小学生、中学生となかなかレギュラーになれなかったのに、高校でメキメキと力を付けてレギュラーになった選手をたくさん見てきました。

「自信がないという自信」は必要ありません。

中学まで輝かしい成績を持った選手……傲りがあったら、捨てましょう。

なかなか結果が出なかった選手……自信のない自分を捨てましょう。

自分が考えている先入観を捨てることによって高校野球での見える景色がきっと変わってくるはずです。

「3年の夏にレギュラーになればいい」では間に合わない

高校で野球をすることが決まった教え子が私に会いに来てくれます。その時に2つのセリフに分かれます。

「高校3年の夏にはレギュラーを取れるようにがんばります！」

「高校1年の夏からレギュラーを取りに行きます！」

この2つのセリフを聞いて君はどう感じたでしょうか。レギュラーを取るという目標は同じですが、レギュラーを取りに行く時期が異なっています。中学野球と比べて部員数も多い高校野球では1年生からレギュラーを掴むのは難しく、背番号をもらうだけでも大変なことです。

ですが、1年生の夏からレギュラーを目指す選手は、結果的に1年生でレギュラーを掴めなくても2年生か3年生ではレギュラーを掴みます。逆に「3年生でレギュラーを取る」といった選手は3年生でもレギュラーを取れないことが多いのです。

3年生でレギュラーを取るという目標は悪いことではありません。でもこの二人には大きな違いがあります。それは「意識」です。もっと言えば「意識レベル」の違い。1年生からレギュラーを取りに行く選手と3年生でレギュラーを取れたらいい選手の意識レベルの差では「行動が変わってくる」のです。

練習メニューの一つ一つにその意識レベルの違いが出れば技術の差にも繋がってきます。3年生で取れたらいいという気持ちでは、それまでの期間に取り組んできたことの積み重ねに大きな差が生まれ、下級生にも追われてくる可能性もあり、簡単にはレギュラーの座が掴めなくなってくるのです。

高校野球は3年間ではありません、甲子園で優勝するチームでも2年4か月。あっという間に高校野球は終わってしまいます。

最初の気持ちで負けてしまっていたら気づいた時にはもう手遅れになってしまうこともあるのです。1年生の夏からレギュラーを狙っていれば、その気持ちは必ず練習への意識の差となって、後々に現れてきます。

自分の地位を上げるために人と比べるな

高校での練習が始まり、しばらくするとキャッチボールやノックを受けることで同級生のレベルがわかってきます。自信満々で入部した君も同学年の選手のレベルが高いことにビックリすることもあるでしょう。反対に自分よりレベルが低い選手を見つけるかもしれません。その時に、君たちは何を思うでしょうか。

「アイツには叶わないと思う劣等感」

「コイツより上手いと思う優越感」

劣等感も優越感も私からすると両方ともいい感情ではありません。劣等感を持ちながら野球をやっても上手くならないし、何よりも楽しくありません。

優越感という感情も必要ありません。優越感を持ちたがる人間は最初から自分より上だと思う選手とは比べようとしません。上と比べないということは、もうこの時に劣等感を持っていることになります。優越感の正体も劣等感なのです。ですから、両方ともいらない感情なのです。

そして、この優越感と劣等感という感情が人を攻撃することになります。周りの選手と比べて「アイツはたいしたことがない」「アイツより俺のほうが絶対に上手い」と周りに言う選手が出てきます。

これは周りにそう思わせることによって自分の地位を上げようとする行為です。他人を利用して自分の地位を上げようとすることは絶対にやってはいけません。

いい気になってそんなことを口にしたとしても、自分の価値が上がるのではなく、逆に価値が下がっていきます。また最初のうちはよくても、しばらくするとチームメイトにも相手にされなくなってくることでしょう。

ライバルを作ることは悪いことではありません。ライバルとはお互いを認め合い、切磋琢磨してレベルを上げていくものです。だからライバルはお互いを攻撃し合うことをしません。

他人を言葉で「口撃」してもいいことなどはひとつもないのです。自分の価値は自分で上げていくしかないのです。

「ナントナク思考」と「ナンノタメニ思考」

高校球児となり、今までの練習とは違う厳しさや疲れなどを実感していることでしょう。毎日練習することでヘトヘトになっているかもしれません。中学生だった頃に比べて練習もハードで先輩に付いていくのが精一杯、学校の課題や宿題も手につかず寝てしまっているのではないでしょうか。

そんな中でも大切なことがあります。それは「こなさない」ことです。練習メニューをただこなすだけになっていたら技術の向上はありません。一つ一つのメニューを「ナントナク」やってはいけません。「ナントナク」ではなく「ナンノタメニ」という思考に変えてみましょう。

アップひとつ取っても、このアップには何の効果があるのか、どの部位を意識すればいいのか……。ノックにおいても同じです。ナントナク受けるノックと「グローブの角度に気をつけよう」「ステップを意識しよう」という気持ちで受けるノックでは効果が変わります。ナントナク受けるノック30分間と目的意識を持って受ける30分間のノックとでは得られるものは全く違うものになってしまいます。

ノックを受けるという事実は全員同じです。そして30分間受けるという時間も全員同じです。ですが、「時の時間」と「心の時間」は違います。自分の意識がどれだけあるのかが技術の差に変わっていくのです。

その30分間が一週間、一か月、一年……意識の差は技術の差となって大きく大きく開いていきます。練習は毎日ありますが、「メニューをこなす」「時間をやり過ごす」のではなく、常に意識を持つことが大切です。

こなさないためにできることは練習メニュー一つ一つの前に必ず「ナンノタメニ」と考えることです。そして、その「ナンノタメニ」という思考は野球の時だけ発動しようと思っていてもなかなか出てきてくれません。普段の生活から「ナンノタメニ」と考えるアンテナを張っておくことが必要になってきます。それが考える力を養っていくのです。

練習や試合の時だけでは考える力は身に付きません。

寮生活を始めた選手たちへ

この春から親元を離れ、寮生活をしている選手もいるでしょう。高校入学から少し時間が経ち、家が恋しくなってきている選手もいるはずです。

それは当たり前の気持ちで少しも恥ずかしいものではありません。親の作ってくれたご飯、些細なことでしていた兄弟ゲンカ、地元の仲間としてきた他愛もない話……その一つ一つを思い出すたびに切なくなってきます。

ひょっとすると、もう家に帰りたいと思っている選手もいるかもしれません。同時に、親が作ってくれたお弁当や地元の仲間の存在が当たり前ではなくありがたいものだったと感じているのではないでしょうか。「今日はどうだった？」と話しかけられたら面倒くさそうに「別に」と言っていたのをちょっと反省しているかもしれません。

きっと……今、君たちの親も同じ気持ちです。君たちがいなくなった部屋で少年野球時代のメダルや写真を眺めて切ない気持ちになっているはずです。中には涙を流しているお父さんやお母さんがいるかもしれません。

でも……我が子が決めた覚悟を応援したい。そうやってお父さんやお母さんも君たちを応援しているのです。

お父さんお母さんも、もっと君たちと一緒にいたかったはず。まさか15歳で家を出ていくとは思っていなかったはずです。何も連絡がないと心配で心配で仕方がないけれど、何も連絡が来ないことが元気な証拠だと心に言い聞かせているんです。それでも、君たちの覚悟を、君たちの夢を、遠くから応援していることを忘れないようにしてください。

遠く離れていても繋がっているものがあります。それは空。家や地元が恋しくなったら空を見上げてください。君たちが見上げた空は遠く離れたお父さんお母さんとも繋がっています。そして、その空は君の夢でもある甲子園とも繋がっています。君の夢は君だけの夢ではありません。

お正月に家に帰ったらお母さんの手料理をたくさん食べてください。お父さんとキャッチボールをしてください。そして、たくさん甘えてください。

道具磨きは自分磨きに繋がっている

高校に入って真新しいグローブを手にしている選手が多いのではないでしょうか。君たちのグローブ、硬式用なので5万円以上したことと思います。

そのグローブは、お父さんやお母さんが一生懸命働いたお金で買ってくれたグローブです。それか、おじいちゃんやおばあちゃんがかわいい孫のために買ってくれたグローブなのです。高校野球を始めたからといって当たり前のようにそのグローブが君たちの目の前にあるわけではありません。

このグローブを買ったら、エラーが少なくなるかな、このバットを買ったら、ヒットがたくさん打てるかな、そういう家族の思いが道具に入っていることを忘れてはいけません。家族だって欲しいものはいろいろあるのです。それでも、君たちが野球を好きになってくれたらいいな、という思いがそのグローブには宿っています。

グローブ磨きは自分磨きでもあります。グローブをしっかり磨いている選手はそんな人たちの思いがわかっているはずです。グローブを磨かない選手は、そういう思いをわかっていません。道具を大切にする選手は人の気持ちがわかる人間であり、大切にしない選手は人の気持ちを理解できない人間なのです。

もっと言えば、グローブを売ってくれたお店の人やグローブを作ってくれた人も君たちに野球を楽しんでほしい、上手くなってほしいという願いを込めているはずです。またグローブを先輩から譲り受けた人もいるでしょう。そのグローブには先輩のいろいろな思いが込められています。

どうして「道具を大切にしろ」と言われるのでしょうか。道具を大切にすれば野球の神様が味方してくれるからというものではありません。買ってくれた人の思いを大切にしなさいと君たちに伝えているのです。だからどんなに疲れて帰ってきたとしてもグローブ磨きを欠かしてはいけませんし、カサカサだったり、黒く汚れているグローブでは思いを理解できていないと感じてしまうのです。

グローブを磨いている時、君たちは何を思いながら磨いているでしょうか。

「こんなはずじゃなかった!」

希望を胸に抱いて飛び込んだ高校野球。数か月してくると、「あれ……こんなはずじゃなかったのに」と感じ始める選手もいるでしょう。

何となく高校野球が厳しいとはわかっていたけれど想像以上にハードな練習、指導が厳しいと感じている選手がいるかもしれません。また、自分より技術が高い選手がたくさんいて自分に自信をなくしている選手がいるかもしれません。

そんな時、君たちはどうしたらいいのでしょう。

「監督が俺を見てくれない」

「練習メニューに不満がある」

そんな思いが心に出始め、いろいろなことを考えてしまうのもわからなくもありません。でも監督が使ってくれない、練習に不満がある、という気持ちは矢印を外に向けている証拠です。矢印を外に向ける前に自分に向けてみませんか。

心の矢印を自分に向け、自分はどれだけ練習しているか考えてみてください。自分の想像していた世界と違うからと不平不満を言うことは簡単です。確かに環境の問題もあるかもしれません。ですが、本当は「お前ならあの学校ですぐにレギュラーになれるぞ」などと言われ、自信があったのに、思い通りにならず、簡単に環境のせいにしてはいませんか。

周りのせい、誰かのせいにする選手に足りないもの、それは「覚悟」です。上手くいかないかもしれない、どうせ試合に出られない……そんなふうに考える前に覚悟を決めなければなりません。覚悟が決まってしまえば大抵のことは何とかなるものです。

もっと言えば恥をかく覚悟を持てたら周りの目も気にならなくなるものです。覚悟というのは、今までの自分と決別することでもあります。周りや環境のせいにしていた自分と決別しましょう。覚悟はそこから始まります。そして、その覚悟が野球の技術アップに繋がり、継続力も高まっていきます。さらには自分の人間力も高めてくれるのです。

さあ、覚悟を決めてしまおう！　後は何とかなる！

先輩たちの
戦う姿に感動
強い気持ちを持つ夏！

第2章

高校1年 夏

3年生の姿を
その目に
焼き付けろ

温度差があるチームに最高の夏はやってこない

練習にも次第に慣れ、3年生が最後の夏に向けて必死になっている姿を見てどう感じているでしょうか。しかし、人間がふたり以上集まれば、そこには必ず温度差が生まれます。1年生の君たちから見ても真剣に練習をしている先輩とそうではない先輩がいて違和感を覚えたのではないでしょうか。大なり小なり温度差が出てしまうものです。

また、人間には普段意識しない「潜在意識」があります。その潜在意識には、「できる限り変わりたくない自分を保とうとする」という性質があります。やる気のある選手がやる気のない選手に「やる気を出せ！」と言っても簡単には変わらないものです。上下関係ではない高低関係がそこにできてしまっている以上、命令口調で言っても、反発が多くなるだけかもしれません。

そこで自分たちの代が引っ張るときまでに、「どうしたら温度差を解消していいチームが作れるのか」と考えてみてください。

温度差が生じる原因は甲子園に行くと信じている選手と、どうせ甲子園には行けないだろうという選手のように「目標への意識」のズレであったり、レギュラーとそれ以外の選手との「立場の違い」から起こります。この温度差が生じると、人と人との間にストレスを与えます。その結果、団結力に欠け、チーム力や士気の低下に繋がっていきます。

目標への意識のズレをなくすには、ミーティングを活用して話し合いを重ねるしかありません。共通目標・共通認識を持たなければチームは一つになりません。立場の違いはどうでしょう。ベンチの選手はやりがいを持っているでしょうか、チーム愛があるでしょうか、居場所がなくなっている選手はいないでしょうか。逆にレギュラーの選手はどうでしょう。試合に出られない選手を下に見ていないでしょうか。

チームを強くしたいなら、この温度差を小さくするために先陣を切る人が必要です。そして、同じように動く選手が出てくれば、メンバーだけでなく、チームとしてまとまってくるはずです。後輩である君たちは、そんな先輩がいたら一緒に盛り上げていかなければいけません。温度差があるチームでは最高の夏は迎えられないのです。

指導者が求めているもの

高校野球の指導者とお会いして「どういう選手に入部して欲しいですか?」と尋ねると「上手い選手より強い選手ですね」と答える監督さんが多くいらっしゃいます。

では、上手い選手と強い選手はどう違うのでしょうか。

「強い」とひと口に言ってもいろいろな強さがあります。「心の強さ」「体の強さ」「頭の強さ」「困難に負けない心」「厳しい練習に耐え怪我をしない体」「いろいろなことを考えられる頭」といったことが浮かびます。

「上手い」選手というのは「テクニック」を身に付けた選手です。もちろん、このテクニックを身に付けるためにたくさんの練習をしてきたことでしょう。決してテクニックだけ上達することが悪いということではありません。ですが、テクニックだけでは勝てないのが野球というスポーツです。

当たり前のことですが、上手い選手が揃っているからといって勝てるとは限りません。自分のところに打球が飛んできました。飛び込まないと捕れない打球です。いくらテクニックがあっても「絶対に捕ってやる」という強い心をもっていなければそのボールに飛び込むことはしないでしょう。ですが、逆に飛び込もうという強い気持ちがあってもテクニックがなければ捕ることもできません。

どちらであっても、最初に出てくるのはテクニックではなく「心」のほうなのです。人間は基本的には弱い生き物です。その弱さを埋めるために、汗をかき、歯を食いしばって練習していくのです。

厳しい練習もあるでしょう。監督さんに何か言われて落ち込むこともあるでしょう。それでも「覚悟を持って目標に向かう」ことができれば「粘り強さ」「辛抱強さ」は増していくはずです。

指導者というのは、そういうところまで目を配り、選手の力量や考え方などを見極めてメンバーを選んでいるのです。なかなか試合に出してくれないからといって簡単に「監督は好き嫌いで選んでいる」なんて言う前にやるべきことがあるはずです。

体が小さいから試合に出られないわけじゃない

「体が小さいから」「細いから」こんな言葉を選手からよく耳にします。また、選手だけでなくお父さんお母さんからも「ウチの子は小さいので……」という話を聞きます。なかには「ウチの子は小さいけどがんばっています」というお父さんお母さんもいらっしゃいますが「小さいからがんばる」わけではありません。

野球にはボクシングや柔道のように体重制限がありません。体の大きさだけで勝敗が決まるスポーツではないからです。体が大きくなくても頭を使えば勝てるのが野球です。頭以外にも、足や守備、チーム力など野球というスポーツは勝てる要素や上手くなる要素が体の大きさ以外にたくさんあります。

体が大きいというのはあくまでも一つの要素に過ぎません。体が大きくてもその体を使いこなせていない選手もたくさんいます。逆に言えば、体が小さくても遠くに打球を飛ばす選手もいます。もし、体が小さいからレギュラーを取れないと思っていたら、それは大間違いです。体が小さいからレギュラーを取れないのではなく、体が小さいことを言い訳にしている選手だからレギュラーを取れないのです。

何度も言いますが、覚悟が決まらないから人は言い訳をするのです。体が小さくてもホームランや長打にこだわるのもいいでしょう。また、違うプレースタイルを目指すのもいいでしょう。

私の次男は高校卒業時に180センチで58キロしかありませんでした。食べても食べても体重は増えません。その代わり、何をしたらいいのかを考え、ジムに通い肩甲骨の可動域を広げたり、リストの強化に時間を取っていました。やれることはいくらでもあるのです。言い訳をしていても何も変わらないのです。

体が大きいだけが野球ではありません。足、守備、頭、声……野球にはたくさんの要素が含まれています。小さくても素晴らしいプレーをする選手をたくさん見てきました。もちろん食べることだって、プロテインを欠かさず摂ることだって今日からできることです。高校で身長が伸びる人もいます。やれることをやっていく時期です。

バッティング理論は君が決める

高校の野球部に入ってから数か月、「思ったよりも指導者が教えてくれない」と思っている選手がいるかもしれません。

チームによっては手取り足取り指導してくださる監督さんもいるかもしれませんが、バッティングの細かいところまでは手取り足取り指導するほうが少ないのではないでしょうか。

少年野球の時と違って高校野球になれば自分で考え自分のやり方を確立することも大切です。その時にどうしたらいいのか迷ったら、指導者に相談するといいかもしれません。

野球にはいろいろな理論があります。特にバッティング理論は様々で、どれが正解なのか迷ってしまうほどです。ＹｏｕＴｕｂｅやＳＮＳではたくさんの理論が発信され、君たちは簡単に情報を入手することができます。発信しているそれぞれの人はその打ち方で打てた人たちです。どの打ち方も正解だと私は考えています。

しかし、理論としてはどれも正解ですが、選手一人ひとりに合うかどうかということだと話が変わってくるのです。君たちはそれぞれ体型が違いますし、体の動きや感覚、タイプも違うからです。

確実に言えるのは、引き出しは多くあったほうがいいということです。今はこれで打てているからと言ってその打ち方が正解だとも限らないのです。プロ野球を観ていても「あれ? この選手、打ち方が変わったな」と感じることがあります。君に合うバッティングを君自身が見つけるのです。いろいろなことを考え実践し、試行錯誤を繰り返しながら「自分のバッティング」を君自身が作り出していくのです。

私の息子は幼稚園から大学まで野球を続けましたが、「いろいろな打ち方を試して大学の時は少年野球の時の打ち方に戻した」と言っていました。

試行錯誤を繰り返しながら、結局は彼のように原点に戻るというケースもあります。よく「バッティング理論に正解はない」とも言われます。ということはその正解は、自分が見つけていくしかないのです。

2年後の自分はどこにいるのか

1年生の夏、初めての高校野球の「夏大」が始まる雰囲気は少年野球や中学野球とは違う独特のものだと感じているでしょう。最後の夏に賭ける3年生の姿。それをサポートする親の姿。壮行会での応援の様子やお父さんお母さん、マネージャーが作ってくれた千羽鶴。その一つ一つの光景は高校野球を経験した者にしか見えない景色です。

1年生の多くは、この夏をグラウンドではなくスタンドで迎えることだと思いますが、1年後の夏、2年後の夏……君たちはどこに立っているのでしょうか。夏の大会が終わるとすぐに秋の大会が始まります。高校最後の夏までに残された大会はたった5大会しかないのです。全て1回戦で負けてしまえば、たった5試合しかありません。

3年生の夏……君たちはどこに立っているのでしょうか。もしかしたら、スタンドかもしれません。オフィシャルのユニフォームでプレーすることなく高校野球を終えるかもしれません。ですが、大切なことはそこまでどうがんばっていくかです。毎日の積み重ねですから、今日ぐらいさぼっても平気……と思っていると、ライバルはバットを振ったり、走り込んだりしていて2年という時間が経つと、とり返しがつかないほどの大きな差となって現れます。

今から、「100人もいるチームだから最後の夏もメンバーに入れないだろうな」と思っている人間と「絶対メンバーに入るんだ」と意識している人間とでは全然違う結果になるでしょう。仮にメンバーに入れなかったとしても「入れなかった重み」が違います。「メンバーをサポートする気持ち」も違います。

最後の夏、君たちがどこに立っているかは誰もわかりません。ただ、はっきりしていることは最後の夏にレギュラーになること、メンバーに入ることにこだわって残りの2年間を過ごさないとチャンスは掴めないかもしれません。2年という月日は君たちが思っている以上に長くはないのです。あっという間にその日はやってきます。

最後の夏までに「2年もある」と思うのか「2年しかない」と思うかは君たち次第です。

引退試合を目に焼き付けろ

夏の大会を迎える前に行われる引退試合。高校野球を始めて数か月の君たちの目にはどう見えているでしょうか。

メンバーに入れなかった3年生の姿。その中には誰よりも努力していたのにメンバーに入れなかった先輩がいるかもしれません。

メンバー発表の時に名前が呼ばれず涙を流す3年生の姿。それは、高校野球を始めたばかりの君たちにとって最初に見る現実的で辛いシーンではないでしょうか。ですが、2年後にはそれが君たちの姿であるかもしれません。

引退試合の日、この日だけはメンバーの選手がサポート役に回ります。いつもと立場が逆になるわけです。3年生たちの絆をしっかり目に焼き付けてください。メンバーに入れた選手が入れなかった選手に思いやりを持っているかどうかを。

引退試合がなぜあるのかわかりますか。それは一つの「区切り」です。夏を待たずに引退試合を迎える選手にとってグラウンドプレーヤーとしての区切りです。この日を境にメンバーのサポートに回っていきます。グラウンドプレーヤー最後の姿がこの引退試合なのです。

彼らが夏の大会に背番号を付けて試合に出ることはありません。名前をアナウンスされることもありません。その3年生たちの姿を、3年生たちの涙を目に焼き付け、心に刻んでください。その涙が何を意味するのか、1年生の君たちにはまだ理解できないかもしれませんが、2年後のために、仲が良かった3年生やいろいろ教えてくれた3年生たちのプレーを目に焼き付けておきましょう。もっと言えば、引退試合を見に来ている3年生のお父さんお母さんの涙も目に焼き付けておくことです。

引退試合はひとつの区切り。グラウンドプレーヤーとしての最後の日ですが、まだまだ彼らはプレーヤーです。スタンドから仲間を応援する立派な「応援プレーヤー」なのです。この引退試合を境にさらに絆が強まっていくチームとそうではないチームと2つに分かれていきます。3年生はどちらのチームになるのか。そして2年後に君たちの代はどちらのチームになるのか……。

「来年も待っているぞ！」の意味

3年生のためにがんばろう、そう思える夏でしたか。そういうチームでしたか。私の息子も高校球児の時に先輩方に良くしていただきました。

3年生と一日でも長く野球をしたい……そんな気持ちがあったと思いますし、親である私も3年生のお父さんお母さんにとてもお世話になりました。負けた後に「来年がんばってよ」と言ってくれた3年生のお父さんと抱き合って涙を流しました。

試合に敗れた後、スタンドからよく聞こえる言葉があります。「来年も待ってるぞ！」という声。時々、試合後に聞こえるこの言葉に私はいつも違和感を持っていました。1年生、2年生は確かに来年もこの大会に戻って来られます。ですが3年生に来年はないのです。3年生にとっては最後の夏です。そう私は思っていました。

3年生が引退してから1年後……球場にはたくさんの卒業した3年生とそのお父さんお母さん

の姿がありました。1年前、同じ球場にいた先輩たち。「来年も待ってるぞ！」の言葉通り、球場に戻ってきてくれました。自分たちが残したものが何だったのか、後輩たちにどう受け継がれたのか、それを確かめに来てくれたのだと思います。「来年も待っているぞ！」という声援は1年生、2年生だけのものではないのだと……敗れた3年生のための言葉でもあったのです。

そして、彼ら以外にもたくさんのOBがいます。スタンドには君たちの知らないOBもたくさん応援に来ていることでしょう。そのOBの方々も君たちと同じユニフォームに袖を通し、甲子園を目指していたのです。そして、今日、戦えることはこのOBの方々の存在があったことも忘れてはいけません。この方々が野球部の「伝統」を作り、後輩たちへずっと引き継がれてきたのです。

世代は違くとも、顔も知らなくても君たちを応援してくれる人がここにもいます。今日たくさんのものを残してくれた3年生。来年の夏、後輩たちに引き継いだものが何だったのかを確かめに球場に戻ってくるはずです。先輩から譲り受けたものをしっかり引き継げたかを確認してください。

ファーストペンギンになれ

3年生の夏の終わりは2年生を中心とした新チームの始まりでもあります。どんなチームになっていくのか、そして、1年生であっても自分はそのチームの中でどういう立場になっていくのかと考える人も多いでしょう。

「ファーストペンギン」という言葉を知っていますか。ファーストペンギンとは、集団で行動するペンギンの群れの中から、天敵がいるかもしれない海へ飛び込む勇気あるペンギンを指します。「夏大」に負けると「秋大」に向けて新チームが始動します。新チームで何かを変えなければいけないと思っている選手はまさにファーストペンギンだと思います。

ですが、1年生だとその勇気が出せないかもしれません。もしダラダラしたチームで、本気で勝つ意識が薄いのであればそれを変えることは容易ではありません。そのチーム状況の中で行動を起こすことは大変勇気がいります。でも誰かが行動しなければチームは変わりません。ひょっとすると君の他にもチームを変えたいけれど声をあげられない選手がいるかもしれません。他人を変えたければ自分の行動を変えるしかないのです。

毎日、誰よりも早くグラウンドに出て整備をする。道具の片付けも自ら率先して行う。誰よりも大きな声を出す。できることは必ずあります。君がファーストペンギンになって行動した時にセカンドペンギンが現れます。するとサードペンギンも現れてくるものです。

こんな動画を見たことがありませんか。一人の人が踊り出します。一人では変人扱いされてしまうかもしれません。しかし、それを見ていた人が一緒に踊り出す。セカンドペンギンの登場です。すると、その場にいたたくさんの人が踊り出す。そのうち踊っていない人のほうが逆に目立ってしまうわけです。

新チームとなりどうしたらよいのか、またやる気が見られない選手が目立っているチーム状況であれば、1年生だっていいんです、君がファーストペンギンになってみてはどうでしょうか。そのためには行動で示すことです。そんなファーストペンギンになれる選手こそが社会に出た時にリーダーとして活躍できるのです。

いろいろなものが変わる目標を持つ秋！

第3章

高校1年 秋

新チーム始動

新チームに必要なものとは何なのか

3年生が引退して新チームになりました。新チームは君たちの目にどう映っているでしょうか。そもそもチームとは何なのでしょうか。

チームの前提とは何かわかりますか。それは「目標の統一」です。目標が一つになっていなければ、チームとは言えず「群れ」の状態です。まずは、チームの目標が統一されているでしょうか。いいチーム、悪いチームという前に目標が同じでなければチームとしてスタートできません。

言わなくても伝わるだろうと思うかもしれませんが、必ず目標が統一されているかを確認しましょう。もっと言えば仲間と友だちも違います。同じ目標を掲げ、そこに向かっているからこそ友だちではなく仲間なのです。仲間だからこそ、同じ目標があるからこそ、辛い練習もお互い切磋琢磨してがんばっていけるのです。そして、喜びも苦しいことも仲間だからこそ分かち合っていけるのです。

「分け合う」と「分かち合う」は違います。ここに一つのケーキがあります。「アイツにも半分あげよう」というのが分け合う。「このケーキの美味しさをアイツにも味わってほしい」というのが分かち合う。チームは、仲間は、常に「分かち合う」気持ちが大切です。

その「分かち合う」チームにするためにも必要なのが目標への意思の統一です。「甲子園へ行く」「県でベスト4」。その目標はチームによって様々です。大切なことはそれがみんなに統一されているかどうかです。目標は人から強要されるものではありません。だからこそ、ミーティングで全員が納得するように話し合いを重ねてください。

目標への意識を強く持つためには、①言語化する、②文字化する、この2つです。甲子園に行くという目標を決めたのなら「甲子園」という言葉を口に出すこと。練習前にチームの目標を全員で言うチームがあります。古くさいと思いますがこれは効果的です。

言葉と脳はリンクしています。文字に書くことも同様です。野球ノートにも毎回「甲子園」という言葉をたくさん文字にすることで脳がそれを意識します。多くの言葉と文字で「意識」を強めていくのです。そして、意思を意志に変えるのです。

「なぜ」と思える選手になる

チームの目標や個人の目標を決める時に大切なことがあります。それは「なぜ」というキーワードです。

「甲子園に行きたい」と言っている選手にも2パターンがあります。ただ甲子園に行きたいと言っている選手となぜ甲子園に行きたいか理由を言える選手です。

もちろんただ純粋に甲子園に行きたい、という気持ちも悪いことではありません。小さい頃から夏休みになるとテレビにかじりついて見ていて、理由などなく、ただただ甲子園に行きたいんだ……ということも否定はしません。ですが、そこに理由を言える選手は強いのです。

「甲子園で活躍してプロ野球選手になりたい」「甲子園に行って親を喜ばせたい」……夢や目標に「なぜ」と理由が言えるとその先の行動が変わってきます。だから理由が言える選手は強いのです。これは「プロ野球選手になりたい」など全てに同じことが言えます。

夢や目標は言い換えると欲です。甲子園に行きたい、プロ野球選手になりたいという先にある「なぜ」が君たちの欲であり、本来の夢や目標とも言えます。

私の友人は幼いころに「仮面ライダーになりたい」と夢を語っていました。彼は、結局、警察官になりました。二人で話をしている時に「仮面ライダーになれなかったな」と私が言うと彼は一ヤッとして「いや、同じなんだよ」と私に言ってきました。「俺は小さいころから悪者をやっつけて人を救いたかったから」と話してくれました。

仮面ライダーでも警察官でもその先にある「人を救いたい」ということが彼の本心の夢であったと言えます。

夢や目標は自分の欲だからこそ成し遂げようと思うのです。人から言われたものは目標ではなくノルマになってしまいます。人から言われたノルマだから、何かあった時に人のせいにしてしまうのです。

自分の夢や目標ができたら「なぜ」と考えてみてください。それが君の本当になりたい姿であり、自分が求めているものなのです。

ポジションが変わった時に何を考えるのか

1年生の秋は新チームになり、ポジションが変わることが多くあります。内野から外野に行く選手もいればその逆もあるでしょう。強肩を買われてキャッチャーになる選手もいるかもしれません。

ずっと内野をやって来たのに外野へコンバート、内野が好きだから内野がいい。外野からキャッチャーへのコンバート、キャッチャーなんか自分には自信がない。いろいろな思いがあるでしょうし、不安になる気持ちもわかります。

でも、ポジションの変更は「兆し」とも言えます。てへんに兆しと書いて「挑む」と読みます。逆に、しんにょうに兆しと書いて「逃げる」と読みます。同じ兆しですが、意味が異なります。

その兆しに手を伸ばして挑んでいくのか、理由を付けて逃げていくのか。もちろんポジションにこだわりを持ち、そこで勝負することもいいでしょう。ですが、ポジション変更というのは指導者が与えてくれた一つの兆しとも言えます。

プロ野球選手の中でも高校や大学でポジションが変わり、プロに入った選手もたくさんいます。「俺には向いていない」など向き不向きを考えずに前向きになって新しいポジションに挑んでいくことも大切なことではないでしょうか。

外野手用のグローブがない、キャッチャーミットがない……と心配する人もいるでしょうが、チームの仲間に借りて、本格的に定着したら購入を検討すればよいので、まずは挑んでみること。チャンスはそう何度もやってくるとは限りません。やってみたら自分にはそのポジションが合っていたということだってあります。指導者がしっかりと見極めてくれたからこそ気づかされることもあるのです。

高校野球を終えたその先の人生にもたくさんの「兆し」が君たちを待っています。その兆しをチャンスととらえる人間になるのか、その兆しをスルーする人間になるのか。それは君たちの気持ちひとつです。

一度その兆しに挑み、そこからまた考えてもいいはずです。

目標の決め方と2つの大切なこと

君たちはどういった選手になりたいのでしょうか。目標を決める前にしっかりとした目的があるでしょうか。

目的の的は「まと」と読みます。目標の標は「しるべ」と読みます。甲子園に行きたい、プロ野球選手になりたいというのは「まと」の目的になり、これは人から強制されるものでも、無理やり作るものでもなく、君たちの欲であると言えます。そのためにどうしたらいいのか、何をクリアしたらいいのかが「しるべ」の目標となっていくわけです。

目標の立て方には様々ありますが、簡単にクリアできるものでもいけませんし、現実離れしすぎている目標の立て方もよくありません。がんばればクリアできるものを目標に設定し、それができたらまた別の目標を立てていく……イメージとしては小さい目標を次々とクリアしていく感じです。ゲームでもいきなりボスをやっつけることはできません。目の前にいる敵をひとつずつ倒していくことで最後のボスまでたどり着くイメージです。

目標を決める前にもうひとつ大切なことがあります。それは、①自己分析、②状況分析の2つです。ゲームを進めてボスキャラを退治するために何を装備していて、何を持っていないのかというのが自己分析です。

野球でいえば、守備力は低いけれどバッティング力が高いチームは、バッティングという武器はある程度持っているけれど、守備力の武器はあまり持っていない、ということになります。この時に守備力の武器を持つことを目標にするのか、苦手な守備力を圧倒するようなバッティングの武器をさらに強力にしていくのかが目標設定になっていきます。どちらが正解ということはありません。この部分をじっくり考えて目標を立ててみてください。

次に状況分析について考えてみましょう。1年生の秋になり新チームとなって始動しています。今、仮に君がレギュラーではなくレギュラーを取りにいく時だとしたら……どこのポジションなら狙えるのかという状況を分析することも大切です。闇雲に目標を立てるのではなく、自己分析と状況分析を一度冷静に考えてから目標設定をしてみてください。

到達目標への行動目標で結果が変わってくる

自己分析と状況分析を考えたら実際に目標を作ってみましょう。目標とひと言でいっても様々な目標がありますが、今回は2つの目標を設定してみます。

1つめは「到達目標」です。「チームから信頼されるピッチャーになる」というのは到達目標というよりは自分の「将来像」でありビジョンと呼ばれるものに近いです。では目標とビジョンは何が違うのでしょうか。それは「数字」です。

「ストレートの速度を上げる」ではなく「ストレートの速度を5キロアップする」などの具体的な数字を到達目標に入れるようにします。この時に気を付けてほしいのは「結果」を目標にしないことです。「1試合にフォアボールを3個以内」などの到達目標は悪いことではありませんが、結果が出る場合もあれば出ない場合もあり、そこに一喜一憂することはあまり効果的ではありません。

打者の目標も同じことが言え「1試合でヒットを2本打つ」などの到達目標にしてしまうのは結果が出ない時と出ない時があります。打者であればバットスピードの速さであったり、ロングティーの飛距離などを到達目標にするのがお勧めです。

この到達目標で終わりにする選手が多いのですが、到達目標をどうしたらクリアできるのかというのが「行動目標」です。行動目標も目標ですからここにも数字を入れていくことです。「毎日走る」ではなく「毎日5キロ走る」。「体幹のトレーニングをする」ではなく「30回×2セット体幹トレーニングをする」など必ず数字を入れていくようにします。あくまでも到達目標をクリアするための行動目標だということを忘れないでください。

到達目標がなく惰性で行動目標をしても意味はありません。そして、最後に到達目標を「いつまでに」という期限まで決めます。人間は期限を決めることで目標への意識が強くなります。

仮にその到達目標が期限までに達成できなくてもがっかりする必要はありません。何が足りないのかを考え、行動目標のメニューを変えたり回数を増やしたりしてみましょう。そのためにも考える力が必要なのは言うまでもありません。

自主練をサボろうとしたら……

自主練。文字通り「自分が主人公の練習」と書きます。人から言われてやるのは「言わ練」であり、自主練ではありません。自主練というのは「本当の自分の姿」が見えてくるものです。秋になり、練習にも慣れ、3年生がいなくなったこともあって緩みが出てくる時期かもしれません。

やらなければいけないのがわかっていても自分に甘くなってしまい、ついついサボってしまうものですが、人は誰かに言われたらやります。誰かが見ていればがんばります。ですが、それは本当の自分の姿ではありません。誰も見ていない時の自分こそが本当の自分の姿だということを忘れないでください。

ではなぜ、自主練が続かないのでしょうか。これまで見てきた中で自主練の続かない選手の特徴です。

①挫折を挫折と受け止めていない
②なんとかなると思っている
③時間の使い方が悪い
④例外を作る

1つめの「挫折を挫折と受け止めていない」選手。これは後でも述べますが、今までに自分が悔しいと感じた試合があったはずです。その試合が自分を大きく変えてくれるチャンスだったのにその挫折を強く受け止めず自分を変えるチャンスを逃している選手。こういう選手は自主練が続きません。逆に、挫折をして「2度とこんな思いをしたくない」と挫折を強く受け止めた選手は自主練も長く続くものです。

2つめの「なんとかなると思っている」選手。なんとかなるという開き直りは必要な場合もありますが、それは開き直りではなく、さじを投げている状態です。「なんとかなる」と「なんとかする」と思っている選手の違いがわかりますか。それは行動力です。たった一文字の違いですが、自主練をせずに何もしていない人間の「なんとかなる」は何も起こりません。

3つめの「時間の使い方が悪い」選手。自主練が続かない選手に多いのは「決まった時間」でやらない選手です。朝、夕方、夜といったように毎日自主練をする時間帯がバラバラな選手がそれに当たります。

君たちが毎日行っているものを考えてみてください。三度の食事、お風呂、歯磨き……いろいろありますよね。毎日行っているものを我々は習慣と呼びます。その毎日習慣になっているものの前後に自主練を取り入れてみましょう。

今日は朝、明日は夕方などバラバラだから習慣にならないのです。お風呂に入る前に自主練、朝食前に自主練といったように習慣になっているものの前に自主練をすることで自主練も習慣になっていきます。そうなるとお風呂に入る前に自主練をすることが当たり前になってくるのです。これを「習慣の習慣化」といいます。自主練を習慣化するために必要なことです。

4つめの「例外を作る」選手。自主練が続かない選手の多くはこれです。毎日の高校生活が忙しいのもわかります。野球以外に勉強や学校行事などもあるでしょう。また、練習で疲れていることもあるでしょう。ですが、本当に野球が上手くなる選手は例外を作りません。「今日は疲れたから」「今日は忙しかったから」「今日はがんばったから」そうやって自分で例外を作り、自分に甘い選手は自主練が長続きしません。ひとつ例外を言い出せば次から次へと例外という泡は吹き出てくるのです。

人間というのは、誰も見ていない時こそ本当の姿です。親に言われたから、指導者が見ているから……他人の目があるときは誰でもやれるものです。誰も見ていない時に進んでできるかどうかが大事なのです。

誰も見ていなくても黙々とバットを振る君。誰も見ていないからとサボってバットを振らない君。……君は一体どちらでしょうか。どちらであったとしても、それが君の本当の姿なのです。

高校野球最後の夏のバッターボックスで、毎日バットを振り続けたと言える自分がいるのか、バットを振っておけば良かったと後悔する自分がいるのか……。

誰も見ていない、と言いましたが、自分だけは、しっかり見ています。自分自身はごまかせませんから。秋の大会が終わったら冬練の時期がやってきます。2年生の春にメンバーを狙いたいのであれば、サボっている場合ではないのです。

スランプの時は一度バットを置け

スランプとは「一時的に調子が振るわなくなる様子」を表します。

ここで難しいのは調子が振るわないという言葉から何を考えるのかということです。大方の人は「調子が振るわない＝結果が出ない」と考えるでしょう。

3打数ノーヒットだったとしても、3打席ともバットの芯でとらえたいい当たりだったかもしれません。いい当たりだったのに野手の正面になってしまい、「結果が出ない、だからスランプだ」というのは違います。スランプではないのに自ら「スランプになっている自分」を作り上げているだけです。

ちょっと打てないと照れくさそうに「俺は今スランプだ」と言って、悩んでいる選手がいますが、まずはここを誤解しないようにしてください。スランプと思い込んでいる状態で、「調子が振るわない」とは、結果が出ないことではなく自分のスイングが一時的にできていない状態のことです。つまりはトップに入るタイミングがずれていたり、スイング軌道がいつもとは違っていたり……「自分のスイング」ができていない状態がスランプだと言えます。

ということは君たちは「自分のスイング」を理解していなければいけないことになります。普段からこういうことを考えている選手はスランプから抜けていくのも早いものです。今の時代はとても便利です。普段から動画や連写で自分のバッティングやピッチングのフォームを撮っておきましょう。いいスイングの動画と悪いスイングの動画をフォルダーに分けておくのもいいでしょう。

スランプの時、闇雲に何も考えずにバットを振っても悪いスイングが身に付くだけです。そんな時は一度バットを置いて、いい時と悪い時のスイングを動画で見て考えることです。一連の動作で振り返るのではなく、コマ送りでポイントを一つ一つ分けて解析してみるのがコツです。

スランプは怖いものではありません。誰にでも起こります。大切なことは普段から自分のバッティングを理解しイメージしていることです。スランプを抜けたその先に新しい自分が待っています。

「監督と考えが合わない」で済ませるな

「監督と合わない」「監督から嫌われている」

この相談が私のところにもたくさんきます。新チームになり、同じ1年生が秋季大会で背番号をもらい、スターティングメンバーに名を連ねていると「どうして自分だけ」とつい思ってしまうのもわからないでもありません。

簡単に「合わない」といいますが、いろいろなことが考えられます。「そもそも野球観が合わない」「自分ばかり怒られる」という理由から監督さんやコーチの方と合わないと考えている選手がいるかもしれません。もっと言えば、監督さんが苦手だったり、それを通り越して嫌いという選手もいるかもしれません。

私はメンタルコーチの資格を持っているのですが、多くの人が間違えているのはメンタルというのは感情をコントロールすることではありません。人間は「感情→思考→行動」という順番で動いていきます。この最初の「感情」というのは人間がコントロールしづらいのです。

妬み・ひがみ・辛い……こういった感情は、人間は瞬時に感じてしまうものでこの部分を変えることは非常に難しいのです。だから、感情の後の「思考」というのが大切になってきます。

思考は自分でコントロールすることができます。監督さんと野球観が合わないと感じたら思考を変えてみます。「こういう野球観もあるのか」「今までの自分とは違う野球観だから勉強になるかもしれない」ととらえ方を大きく変えるのです。もちろん気持ちが割り切れないときもありますが、自分だけ怒られる回数が多いと感じても「自分が期待されている」とか、試合に使ってもらえないのであれば「自分には何か足りない」と考えるのです。

君たちが大人になり、社会に出た時にも同じようなことが起きます。上司と考えが合わないからという理由で会社を辞めていたら安定した生活は望めません。相手はなかなか変わりません。まして、それが大人であれば余計にそうです。相手が変わらないのであれば自分の思考を変えていくしかありません。それでも辛い時やどうしようもない時はお父さんやお母さん、周りの人に相談してみてください。

「挫折スルー」と「挫折スイッチ」

野球のスイッチが入り、今後の野球人生を変えるのが「挫折」というアイテムです。もっと言えば野球を終えた後の人生にも力を与えてくれるものです。

君は「今までに一番辛かった試合」を思い出せますか。自分のエラーで負けてしまった試合、ピッチャーで打たれた試合、どうでしょう、すぐに思い出せますか。二度と思い出したくないぐらいの悔しい思いをした試合。そして、その試合を境に君が変わったのか、それとも何も変わっていないのか……。

選手、いや人間が大きく変わるきっかけが挫折です。私の人生も今、振り返ってみると、挫折が大きく自分を変えてくれました。挫折という言葉を聞くとマイナスのイメージを持つかもしれませんが、挫折は悪いことではありません。その時は辛いかもしれませんが、後々になると自分をプラスに変えてくれることのほうが多いのです。

しかし、その挫折を挫折と受け止めていない選手がいます。「挫折スルー」をしている選手は自分と向き合わないのです。いや、向き合えないと言ったほうがいいかもしれません。その重さを受け止めたくないからです。私もたくさんの選手を指導させていただきましたが、変わっていく選手は挫折をスルーせずにスイッチを入れていくタイプでした。

今、横浜ベイスターズで活躍している石川達也も私の教え子の一人です。彼はリトルのころから「プロ野球選手になる」と言い続けていた選手でした。横浜高校で甲子園出場した達也は先発して敗戦投手となりました。

その後に彼と食事に行った時、「おまえは高校出たらプロを目指すんだろ?」と聞くと、「いや、甲子園は、今の自分にはまだプロは早いと教えてくれました」と笑顔で話しました。彼は甲子園での挫折をスイッチに変え、大学進学後にプロ野球選手になっていったのです。

挫折を受け止めることができるのは強さです。野球選手はプラス思考がいいと言われますが、挫折を受け止められないようであればプラス思考とは言えません。ただ逃げているだけにしかみえないのです。

乾いた枝と湿った枝

挫折をした時の君たちの心はどうなっているでしょうか。悔しくて悔しくて仕方ないという思いになっているでしょうか。

「悔しい」というのは決してマイナスなものではなくプラスのワードです。悔しさという感情は次に繋がります。次に繋げるために必要な感情です。その反対に「ふてくされる」「落ち込む」といった感情はマイナスなものです。

「こんな悔しい思いを二度としたくない」

その強い思いは強い感情となり、強い思考に変わり、強い行動へと移っていきます。自主練が続く選手はこういう強い感情と強い思考があるので強い行動になっていくのです。「今日はもう疲れたからやめよう」という感情より「あんな悔しい思いをしたくない」という感情が勝るからこそ自主練をサボらないのです。毎日バットを振らなければいられないほどの思いになるから自分が主役となって練習を続けることができるのです。

突然ですがここに2本の枝があります。1本はカラカラに乾いた枝。もう1本は水分を含んで湿った枝です。乾いた枝はすぐに折れますが、湿った枝はなかなか折れません。君たちの心と同じです。たくさん練習をして汗をかいて、時には悔しくて涙を流す。汗と涙という水分が君たちの心に溜まっていけば君たちの心も折れづらくなっていきます。

挫折を挫折と受け止めず、汗も流さず涙も流さない心はカラカラに乾いていき、いつの日か、必ずポキッと折れてしまいます。

たくさん心に汗と涙を溜めて折れない心を作ってください。悔しくてたまらない試合があったとしたら、そこから、がんばることで、その試合は「自分を変えてくれた試合」になります。過去は変わらないけれど、過去の思いは君たちのこれからで変えることができるのです。

挫折はがんばった人にしかやってきません。君たちが練習をたくさんがんばったから、挫折はやってくるのです。そして、自分に挫折経験があるからこそ、仲間が挫折した時に気持ちがわかるのです。

練習が一番辛い季節
その壁を
乗り越える冬!

第4章

高校1年 冬

心も身体も鍛える冬

「ナンノタメニ思考」と「コノサキニ思考」

1年生の冬。高校で初めて経験する冬練。高校野球の中で一番練習の厳しいと感じる時期かもしれません。

冬練は体力強化や基礎練習の量が多くなる時期です。この冬練をどういう気持ちで過ごしていくのかが春や夏に繋がっていきます。

冬練は、一見すると単調な練習が多くなります。だからこそ、何を思って練習するか、何も考えないで練習するかで大きな差がついてしまうのです。「目的を持って練習する選手」と「練習をこなす選手」の違いです。

夏に比べて走ることも多くなるでしょう。そして体幹やマシンなどを使った筋トレも多くなってくるはずです。中学生の頃とは練習量が違うだけでなく、経験したことのない厳しいメニューになるかもしれません。そんな時に思い出してほしい言葉が、「ナンノタメニ」と「コノサキニ」

の2つです。

こんな話があります。レンガを積んでいる二人の男がいました。「何をしているのか?」と尋ねたら一人の男は「レンガを積んでいる」と答えましたが、もう一人の男は「日本一大きい建物を造っている」と答えました。

この違いが「ナンノタメニ思考」と「コノサキニ思考」です。ダッシュはナンノタメニしているのか、筋トレのコノサキニ何が待っているのかを自分で考えて目的を持って練習できるような選手になってほしいのです。

冬練が辛いのはわかります。楽をしたいからといって手を抜くのも簡単です。しかし、ただ辛く厳しければいいわけでもありません。「ナンノタメニ」か「コノサキニ」どうなるのかを考えて冬練をすることで春や夏という未来が見えてくるのです。どう冬を迎えて越えていくのかは君の心の中に答えがあります。

冬に見えないところ、つまりは地中に根を太く伸ばした選手が春になり大きな幹となって夏に大輪の花を咲かせていくのです。

「もう無理」と言える仲間を作れ

それでも辛い冬練。もう上がらなくなっている足。何十本もノックを受けて立ち上がれなくなっている姿。今までになかったウェイトを始めたけど、先輩や仲間ほどの重いものが上がらず、音を上げている自分が鏡に映る様子……。

心ではもう無理と思っていても言葉で「無理」と言ってしまったら本当にもう無理になってしまうものです。だからどんなに辛い練習でも口から「無理」という言葉を簡単に使わないでほしいのです。

今の年代の選手は無理でないことも簡単に「ムリ！」というのが風潮というか口癖のようになっています。でも……これからは練習の辛いこと以上に大変なことがたくさん待っています。

野球を辞めたくなる時が来るかもしれません。「もう無理だ……」本当にそう思う時があるかもしれません。「まだまだ！」「これからだ！」そういう言葉が言えなくなってしまう時が来るかもしれません。

そんな時は「もう無理だ」と言える仲間を作ってください。その仲間が君たちの「無理」を「まだまだ」に変えてくれるはずです。辛いときに本当の気持ちを伝えられる仲間があると勇気を与えてくれる存在となります。

逆に仲間が「もう無理だ」と言ってきたら君たちが「まだまだ」に変えてあげるのが仲間としてできることではないでしょうか。

厳しい練習には無理だという言葉を使ってほしくはありませんが、思うような成績がでなかったり、試合に出させてもらえず、誰かを妬んだり、ひがんだりして、本当に「もう無理だ」というときには一人で抱え込むのではなく、自分の気持ちを素直に打ち明けることができる仲間を持つことです。

友だちと仲間は違います。同じ夢に向かって一緒に歩んでいるのが仲間です。その仲間だからこそ、「無理だ」と思うことも乗り越えていけるし、君の気持ちに共感し、解決策を考えてくれるはずです。

冬練は数値化することで効果がアップする

冬練というのは効果に速効性があるものがあまりありません。一見、地味に見える練習をじっくりじっくりやっていくわけです。

ですが、今日やったことが明日になって目に見えてくるわけではないので、選手によっては「効果がないんじゃないのか」「やっても無駄なんじゃないのか」などと思って手を抜くようになってきます。

効果がなかなか見えない時期だからこそ数字にしてみましょう。冬練に入る前に数字にできるものを全部書き出してみます。50メートル走、バットスピード、ロングティの飛距離、球速、体重……まだまだあるかもしれません。筋トレやウエイトなど冬練のメニューが何に結び付いているのかもリンクさせましょう。毎日、記録していくことが望ましいですが、3日おきや1週間おきでも構いません。

効果が眼に見えづらい練習を数値にすることで「見える化」ができるようになります。数字が上がってくると人間は実感を持てます。実感を持つとやる気も出てきます。またそのデータを元に現在地を把握でき、さらに力を付けるにはどうしたらいいのかを考える材料にもなるのです。

逆に、しっかりトレーニングしているのに、なかなか数字が上がってこないこともあるでしょう。そうだとしたら量が足りないのか、別のメニューにしたほうがいいのか、と対策を立てることができます。その上で監督さんやコーチの方にも相談するといいでしょう。

個人で数値化するのもいいですが、「キャンペーン期間」を定めて部員全員でするのもいいと思います。「走塁タイムアップキャンペーン」「飛距離アップキャンペーン」など仲間と一緒に行うことで盛り上がることもできるし、いい意味での競争心も出てきます。

このキャンペーンで気を付けて欲しいのは「足の速いナンバーワン」や「飛距離ナンバーワン」を決めるのではなく、一番タイムが伸びた選手に「キャンペーン大賞」をあげてください。結果だけで評価するのではなく、数値がどれだけ伸びたかという成長の過程を評価することが大事なのです。

冬練は「トライゾーン」である

高校野球は冬の一定期間に対外試合が禁止され、長い間、試合がない期間となります。それ以外の春から秋は週末に公式戦や練習試合などの実践が多くなり、思い切ってバッティングフォームやピッチングフォームを変えるには勇気がいります。

ということは、冬は試合がないので、フォームの改造などいろいろ試すことができる「トライゾーン」とも言えます。

「もっと飛距離を伸ばして長打を打てるようになりたい」「もっと真っすぐの球速を上げたい」など、その目標に対してフォームや形をいじれるのもこの期間ですから、試行錯誤するには絶好の機会なのです。

当然、闇雲にやっても時間の無駄になるだけです。そこで、大切なのはフォームの一つ一つを一時停止にしてチェックしてみることです。

打撃であれば、①構え、②トップに入れるまで、③トップからインパクト、④インパクトからの打ち出し、というようにそれぞれ止め、その形がどうなっているのか、自分の動作を分析することで今まで見えていなかったものが見えてくるはずです。

昔は雑誌などでプロ野球選手の動きを連写した連続写真を見てそれぞれの瞬間でどういう形になっているのかを学んだものですが、現在はスマホで動画を撮り、コマ送りして自分のスイングを確認できるようになりました。

何となくで打撃フォームを変えたり、投げ方を変えるのは逆効果の場合もあります。ここでも「ナンノタメニ思考」が必要になります。そして「コノサキニ」どういう選手になりたいのかをイメージできていることで、どこがよくてどこが悪いのか自己解析ができるのです。

また指導者や仲間にチェックしてもらうことも大事です。試合がないこの時期だからこそ、フォームチェックなどにも時間を費やすことができるはずです。そして、これだというものが見つかったら反復して体にそれを覚え込ませることです。そうしたらきっと新しい自分で春を迎えられるでしょう。

準備力とはいったい何なのか？

準備と用意、この言葉の違いは何でしょうか。入試に向けて準備をするとは言いますが、入試に向けて用意するとは言いませんよね。つまり、準備とは長い期間をかけてするもののことを言うのです。

冬練は春大や夏大に向けて「準備」する期間になります。ある日急に足が速くなるわけでもないですし、急に球速が上がるわけでもありません。それには長い期間の準備が必要になってきます。期間が長いからこそ、この準備力に差が出てきます。

入試勉強をしていて「こんな問題は出ないだろうな」という時があります。出ないから勉強しなくていいと考える人と出ないだろうけど、もし出たら大変だから勉強しておこうと思う人に分かれます。これが準備力の差です。

2017年の春の選抜大会。機動破壊で知られる群馬の高崎健康福祉大学高崎高校の試合。最終回1点負けている健大高崎の攻撃は2アウト2・3塁。あとワンアウトで敗戦というシーンがありました。

そこで2塁ランナーがリードを大きく取りボーッとしています。それを見たピッチャーが2塁に牽制を投げるのですが、その隙に3塁ランナーがホームを踏み同点になる場面がありました。最終回2アウトからまさかのプレーでしたが、健大高崎さんはこのプレーを練習で繰り返しやっていたと翌日のニュース記事で知りました。最終回2アウトからのこのプレーはまさに準備力の賜物です。

この長く準備してきたものに対して、ベストなコンディションや道具のメンテナンスをして試合をするのが「用意」です。準備してきたものに対してベストなパフォーマンスが出せるために必要なものが「用意力」と言えるでしょう。

準備力が高い人は妥協をしません。こんな練習は必要ないだろうと自分で思い込んでやらないでいると公式戦の時に後悔することになります。冬練だからこそ、じっくりと取り組めるものがあります。春大や夏大ではその準備力の差がはっきりと出るはずです。

元気を貰える人の顔を思い出す

君は「誰のために野球をしていますか？」と尋ねられたら何と答えるでしょうか。

当然、野球は「自分のため」にがんばるものです。ですが、君たちが野球を毎日のようにできているのはいろいろな人の「お陰」があって君たちに「陽」が当たっていることを忘れてはいけません。

冬練に限らず野球には厳しい練習がたくさんあります。前にも述べたようにそんな時は「ナンノタメニ」や「コノサキニ」という言葉を口に出して、目的や夢を確認することが大切になってきます。

それでも、なかなか叶いそうにない夢。挫折して折れた心。劣等感や絶望感が襲ってくることもあるでしょう。私の人生もその連続でした。そんな時は「人から元気や勇気をもらう」のです。

自分のためにがんばることはとても大事ですが、自分のためにがんばる力というのはたかが知れています。

誰のために野球をしているのかと尋ねたら「自分のため」と答えるでしょうが、誰のお陰で野球ができているかと尋ねられたら「親のお陰です」と答える人が多いのではないでしょうか。

野球はいろいろとお金がかかります。グローブやバットなどの道具は、お父さんやお母さんが汗水を流して働いてくれたお陰で君たちは手にしているのです。そして毎日、毎週、お弁当を作ってくれたり、送迎してくれたり、お父さんお母さんのお陰で野球ができていることを忘れてはいけません。

誰のお陰で野球ができているかと尋ねると「仲間のお陰です」と答える人もいます。辛くて本当は自分も苦しいはずなのに、君のために「がんばれ！」と何度も声をかけてくれた仲間の気持ちを忘れてはいけません。自分一人だとしたら、冬練の辛く厳しい練習を途中で投げ出していたかもしれません。自分一人だとしたら、途中で野球を辞めていたかもしれません。

辛くなった時には元気を貰える人のことを思い出してください。その人が君にきっと力をくれるはずです。

故障中に考えること

高校時代の故障や怪我……。私の教え子も故障や怪我に苦しんだ選手がたくさんいます。来年の春や夏に向けてどんどんと力を付けていく仲間をリハビリしながら見ていると焦ってしまうものです。

そうならないためにも知ってほしいのは「怪我」と「故障」は別ものだということです。

「怪我」は突発的に何かの衝撃で体のどこかに負担がかかるものです。打撲、捻挫、骨折などが怪我と呼ばれるものです。それに対して「故障」は同じ動作を繰り返すことで特定の場所が慢性的な痛みを生じたり、間違った体の使い方を繰り返し行っているうちに起こってくる痛みになります。

怪我は、いつどこで痛み出したのかがわかりますが、故障はいつどこで起きたかがはっきりわからず、君たちの体に徐々に痛みを加えていくものです。

怪我は突発的に起こるためにそれを回避することが難しいケースがほとんどです。故障はどうでしょう。毎日のストレッチや肩肘に負担をかけない投げ方、バランスのとれた食事、すべてが予防できるものではありませんが、故障を回避するためにできることはたくさんあります。

また、最近ではメディカルチェックを導入している高校も多いでしょう。高校で導入されていない場合は自分で「故障の回避」をしなくてはいけません。多くの選手が故障をした後にその重要性に気が付きます。故障の回避を君たちがどれぐらい意識しているかで故障せずに済むかもしれません。

それでも故障や怪我をしてしまったらどう乗り切ればいいのでしょうか。高校時代の怪我や故障は先が真っ暗になったような気分になります。「もう最後の夏まで間に合わないかもしれない」と思うかもしれません。それでも完治する可能性がある限り、焦らずできることをやり続けてほしいのです。

仮に3年生の夏まで間に合わなくても、怪我や故障と向き合い最後まで諦めなかった自分は、高校野球を終えた後に必ずプラスになって自分に返ってくるはずです。

悩みが解消されない時は「故郷」に帰る

高校野球にはいろいろな壁があります。その壁があまりにも大きいと「乗り越えられそうもない……」そんな思いになることでしょう。

その乗り越えられないと思った壁も後から振り返ってみたら、さほど大きな壁ではなかったと気付くこともよくあります。また乗り越えた壁は君たちを守ってくれる大きな砦に変わってくれます。

それでも越えられない壁に心が折れかけてしまうことがあります。冬練を必死でがんばっているにもかかわらず、なかなか野球が上手くならないと感じたり、仲間や監督さんとうまくいかなかったり、野球をやめたくなったり……そんな時は少年野球や中学のチームに顔を出してみましょう。高校野球の練習がオフになる日があったら、思い切ってかつてのチームに練習着を着て行ってみるのです。

少年野球や中学のチームは君たちにとって故郷です。何かあったらいつでも戻っていい場所です。卒団式の時、あれだけ怖かった監督が「高校で何かあったらグラウンドに顔を出せよ」と言っていませんでしたか。よく「童心に戻って」と言いますが、純粋に白球を追っていたあの場所に帰ってみることで忘れていた何かを思い出すかもしれません。

後輩の前でノックを受けたり、バッティングをすれば「先輩スゲー」と目をキラキラさせて見てくれるので気持ちも乗ってくるかもしれません。また監督やコーチに今の悩みを打ち明けることで心が軽くなるかもしれません。いつもプレーをしていたグラウンドに立つことで何かを思い出せるのです。

少年野球の監督やコーチと上手くいっていなかった選手は少年野球や中学野球の仲間に連絡してみましょう。高校野球で活躍している仲間もいれば、野球をやめてほかのことをしている仲間もいるでしょう。でも、あの頃の仲間は今もずっと仲間のはずです。話をするだけでも悩みが少し楽になるかもしれません。

元気は「元の気」と書きます。君たちの元の気である少年野球で元気を取り戻してください。

我が子の姿を目に焼き付けたい

私の息子は中学まで硬式チームでレギュラーとして試合に出してもらえていて、どこか当たり前のように思っていたのですが、高校になると選手層も厚く、なかなか試合に出る機会がありません。私たち親には何も言いませんでしたが、本人も中学までのことを考えると苦しいことがたくさんあったのだと思います。それでも私たちは練習試合を毎回観に行っていました。

ある時、息子から「試合……観に来なくてもいいよ」そう言われました。

高校生特有の照れもあるとは思いますが、試合に出ていない自分を見られるのが嫌だったのだと感じています。親としては、もちろん試合に出ている我が子を見たい気持ちもあります。私も高校球児でしたが、親に全く同じことを言った記憶があります。自分が試合に出ていないことが恥ずかしくて「明日の試合、観に来なくていいからさ」と。

それでも私の親はいつも試合を観に来てくれました。夕飯時には試合に出ていない私に向かって「今日もがんばったね」と言ってくれました。高校生の頃は、試合に出ていないのになんでだろうと理解できなかった親の気持ちですが、自分が親になって痛いほどわかるようになりました。

仲間に声を掛けている我が子。ベンチで必死に声を掛けている我が子。その姿を見られるだけでも親にとっては嬉しいものです。そして我が子のユニフォーム姿を見られることが親にとって何よりも幸せなことです。

そういう姿を見て「試合に出られなくて悔しそうな顔をしているな」「仲間の活躍を喜んでいるな」「誰よりも大きな声が出ているな」そんなふうにベンチの我が子の気持ちを読み取れるのも親だからではないでしょうか。

どんな選手でも必ずユニフォームを脱ぐ時が来ます。小学校からずっと見てきた息子のユニフォーム姿。大好きな息子のユニフォーム姿。また「試合、観に来なくていいよ」と言われるかもしれませんが、君のユニフォーム姿を見られるのも高校まで。大好きな君のユニフォーム姿をしっかり目に焼き付けたいと思います。

さあ飛び出せ
心機一転の春!

第5章

球春到来、強い気持ちで立ち向かえ

高校2年 春

「いつかやる」の「いつか」は来ない

2年生の春。高校野球を始めて1年。そして残りの高校野球生活も1年ちょっと。マラソンで言えば折り返し地点とも言えます。

1年も経つと良くも悪くも「慣れ」が出てきます。1年生の春には「絶対レギュラーになるんだ」「毎日の自主練をがんばる」そう決意と覚悟をしていた選手たちも「いつかがんばる」「明日から本気を出す」そんなふうに「いつか」という言葉が多くなってきてはいないでしょうか。

「いつかレギュラーになる」と思うことは悪くありませんが、そこにはビジョンがなければいけません。この「いつかやる」は、私からすると「やらない」と同じ言葉と言えます。中にはやる人もいるでしょうから「ほぼやらない」と言い換えておきます。

「いつか」とは先延ばしです。先延ばしにしなくてはいけない理由があるのならまだわかりますが、ほとんどの人は「面倒くさい」がその理由です。これが身に付いてしまうと先延ばし癖が付きます。

「いつかがんばる」と言っている人は、おそらく、高校野球の前からこの「先延ばし癖」があったはずです。癖と付くのですから、それが身に付いているのです。

では、「いつかやる」ことを早くやるにはどうしたらいいかを考えてみましょう。

もっともよいのは「締め切り効果」です。3年生の夏は君たちが思っている以上に早くやって来てしまいます。一つ一つの小さい目標を決め、それを「いつまでにクリア」するのかを明確にするのです。

最後の夏を1年先と考えるのか、あと1年と思うのか。でも、もうカウントダウンは始まっていると思ったほうがよいでしょう。

高校野球の先でも野球を続けようとしている選手も同じです。自分で決めた約束を守るのは自分です。自分との約束を守れるから自分のことを好きになっていき、自己肯定感が出てくるのです。「いつかやる」と口だけで言うのは「口動」です。口だけ動かすのではなく、まずは行動してみましょう。

「アドレナリンタイプ」か「ドーパミンタイプ」かを知る

春の大会がいよいよ目の前に迫ってきました。でもその前に自分のことをもっと知っておきましょう。

基本的には誰でも、練習よりも本番のほうが、パフォーマンスの質は下がるものです。いつもとは違う場所や、プレッシャーのある状況において脳は、普段の通りのアウトプット（技能や思考）ができなくなってしまうからです。いつもと同じようにできないことが、新しい不安となり、いつもと違う自分になってしまって試合で結果を出せないという流れに繋がっていくことになるのです。

アドレナリンとドーパミンという言葉を聞いたことがあると思います。ドーパミンとは別名「幸福物質」と言われている脳内で分泌される神経伝達物質です。旅行プランを計画しているときと旅行中にワクワクした気持ちのときはドーパミンが分泌されているのです。反対にドーパミンが不足するとやる気の低下などが見られるそうです。

アドレナリンは「闘争ホルモン」ともいわれる興奮物質です。災害などで誰かを助ける時に、普段では出ない力を発揮する「火事場の馬鹿力」などに繋がります。また、アドレナリンは脳への影響だけではなく身体にも変化が起こります。ラグビーのオールブラックスが試合前に行うあの儀式はアドレナリンを出す効果があります。野球の円陣で大きな声を出すのもアドレナリン効果です。

試合前に試合ができる幸せを感じたり、自分が活躍した姿をイメージしている選手は「ドーパミン型」と言えるでしょう。試合前に、気合が入りまくっている選手や頬をバチバチ叩いている選手は「アドレナリン型」と言えます。どちらがいい悪いではありません。まずは自分のタイプを知ることです。

もし自分がアドレナリン型の選手だと思うのであれば、傾向として冷静さを欠く場合があるため、アドレナリンが出ていい意味で興奮状態だったとしても、どこかで冷静さは保っておく意識を持つようにしましょう。

緊張は戦闘モードに切り替わった証

試合前、多くの選手が緊張することでしょう。それは当然のことであり、悪いことではありません。

昔から試合前や打席の前に「緊張するなよ、リラックスしていけ！」などと周りから言われてきたので「緊張＝悪いこと」と考えてはいませんか。まずはその考え方を捨ててみてください。

緊張するというのは人間の本能とも言えます。人間が猿から進化をして直立歩行をし始めた頃、ライオンなどの肉食獣から襲われることが多くなり「ライオンから襲われるかもしれない」と脳が危険を察知するようになってきました。緊張して心臓がドキドキするのは体をいつでも動ける状態にするためです。

胸が締め付けられる理由は敵の攻撃から内臓を守るためであり、手に汗を握る理由は猿だった名残りからで木の枝をつかんで逃げやすくするためとも言われています。そして、ドキドキする理由は全身に血液を送り身体を動かそうとするためです。つまり、緊張は本能であり、緊張するのは普通のことだと言えるのです。

もっと言えば「緊張は戦闘開始の合図」とも言えます。「試合で緊張しないためにはどうしたらいいですか?」という相談を受けますが、緊張しない方法を考えるのではなく、緊張した心をどうほぐしていくかを考えたほうが効果的なのです。

2年生になり、レギュラーを取れ、初の春季大会に臨んだとしたら、心臓がドキドキしていることでしょう。そして手に汗をかいたりしてきたと感じたら、「緊張してきた」ではなく「自分の体が戦闘モードに切り替わった」と考えるようにするほうがいい心理状態になり、結果にも繋がってきます。

言い換えれば緊張は君たちにいいパフォーマンスを出させてくれるためのものであるとも言えます。

では、いままで悪いことだとばかり思っていた緊張とどう向き合っていけばいいのかをお伝えしていきましょう。

高校2年
春

緊張はしないものではなく受け入れるもの

メンタルでいけないことは嘘をつくことです。緊張しているのに緊張していないと「嘘の言い聞かせ」をしても脳は言うことを聞いてくれません。緊張していないといくら言い聞かせても根っこにある「緊張」は解けません。

緊張はさせないものではなく、まずは緊張している自分を受け入れていくところから始まっていきます。前述したように緊張は悪いものではなく、君たちにいいパフォーマンスを出してくれるものだと考えてください。適度な緊張と適度なリラックス状態が人間は一番いいパフォーマンスを出せると言われています。

公式戦で初めてバッターボックスに立つ人もいるでしょう。そんなとき、どのようにして適度な緊張状態にしたらいいのでしょうか。緊張の度合いがひどくなってくると人間は興奮状態になり、呼吸と脈が早くなってきます。では、呼吸と脈とでは、どちらを自分でコントロールすることができるでしょうか。わかりますよね。そう、呼吸です。呼吸の速度を我々人間はゆっくりにすることができます。ですから緊張状態の時の深呼吸は理に適っているのです。

その呼吸法にもコツがあります。息を吸うのを2秒ぐらい、口の中で息を止めるのも2秒ぐらい、それを長く細く5秒ぐらいで吐き出すイメージでやってみましょう。秒数はおおよその目安で構いませんが、ポイントは長く細く吐くことです。

こうすることで呼吸は落ち着いてきます。試合前に緊張を受け入れ、自分でコントロールしていくことでベストなパフォーマンスが出せる状態になります。

また、こういった呼吸法を繰り返すことによって「試合前にこれをやれば大丈夫だ」という「お守り的効果」も出てきます。声援を受け、バッターボックスに立ったとき、何もしないと余計にドキドキするものです。でも、ネクストバッターの際にこの呼吸法をやることで気持ちがスーッと落ち着き、周囲の状況が見えるようになるのです。

逆に、大事な試合前に寝不足などで体がだるい場合などは、モモ上げやショートダッシュなどをして、呼吸と脈の両方を早めると身体にもよい効果を与えます。

試合でのパフォーマンスを上げるのは自分

練習では打てるのに試合で結果が出ない。そんな選手も多いのではないでしょうか。夏でのメンバー入りを意識し始めると心配になり、誰かに相談すると「メンタルが弱いからだ」といったひと言で終わりにされてしまうかもしれません。

練習のフリーバッティングなどでは気持ち良く快音を連発しているのに試合で打てないのはどうしてなのでしょうか。もちろん技術的なことが問題なのかもしれませんが、技術的なものはしっかりできているのに試合でできないのはバッターボックスでの考え方に問題があるのかもしれません。

「今、この場で1メートルジャンプしてください」そう言われたら皆さんは迷うことなく簡単に飛べるはずです。では「高層マンションの屋上と屋上を1メートルジャンプして渡ってください」と言われたらどうでしょう。きっと多くの人たちが躊躇すると思われます。

でもよく考えてみてください。1メートルジャンプするという事実は変わりません。するべきことは地上であろうと高層マンションであろうと同じです。しかし、周りの状況が変わることによって心がいつもと変わってしまうわけです。

フリーバッティングで打っているのと1点負けていて最終回ツーアウト満塁の場面でやるのは「打つ」ということでは同じです。やることは変わらないはずです。公式戦という場面や観客の数、最終回ということが君たちの心に変化をもたらせるのです。

対策としては、限りなく練習の場面と緊張する試合の場面を同じ心理状態にすることです。練習や練習試合で最終回ツーアウト満塁の場面を想定してバッターボックスに立ち、緊張と戦う自分を普段からトレーニングするのも良し、反対にフリーバッティングのように気持ちよく打っている気持ちを思い出して公式戦に臨むことも良しです。

完全に思考が同じになることは難しいでしょうが、公式戦だからといって、「公式戦が必要以上に特別なもの」と思ってしまい、パフォーマンスを落とさないようにしましょう。どんな場面でも「やることは同じ」です。

本当のグローブ選びを考える

高校野球も半ばに差し掛かり、最後の夏へ向けてグローブを買い直そうという選手がいるかもしれません。

何度も言いますが、君たちのグローブにはいろいろな人の思いが入っていることを忘れないでください。お父さんお母さんが必死に働いて買ってくれたグローブです。君たちに向けて野球が上手くなるように、野球が好きになってくれるように、という思いや願いが入っています。第1章でも書きましたが、グローブを大切にする選手がなぜいい選手なのか。それは、買ってくれた人の気持ちがわかる選手だからです。

ですから、グローブ磨きは自分磨きであるとも言えます。なかには、3年生の先輩から譲り受けた人もいるでしょう。そのグローブには先輩のさまざまな思いが入っています。グローブを大切にしない選手はそういう人の思いがわからない選手になってしまうのです。

では、グローブを変えようと思っている選手に一つだけアドバイスです。それは「自分の弱点で選ぶ」ことです。君たちはグローブを選ぶ時に何を一番に考えているでしょうか。捕りやすい、手のフィット感、そういうものも、もちろん大切です。いま流行の色のグローブがいいというのが選ぶ際のポイントという人もいるでしょう。しかし、自分の弱点を克服するグローブを選ぶことも残りわずかな高校野球では重要になってきます。

例えば、逆シングルが苦手な内野手。逆シングルはグローブが大きいほうが捕球しやすいので、それを意識して少し大きめのグローブを買ってみたり、肩が弱い内野手は捕球して素早く一塁へ投げられるように小さめでポケットの浅いグローブを買ってみるといったように、選ぶ理由をきちんと考えてから購入するといいでしょう。買ってから、「前と変わらないな……」ではこの時期に買う意味がありません。

このように自分の弱点をカバーするグローブ選びも高校生に必要なことです。そのときに大事なのは、グローブの種類や型、フィーリングだけでなく、自分を知り、何のために買うのかを明確にするということではないでしょうか。

ミスをした時に押す「切り替えボタン」

どんなにミスをしないようにしていても野球というのはミスが出てしまうスポーツです。大切なことはそのミスを引きずり、ミスを続けないようにすることです。

ではどういう人がミスを切り替えられない選手なのでしょうか。

「自分軸」と「他人軸」という言葉を聞いたことがありますか。ゲーム中にエラーをした後、君たちはどんなことを考えていますか。「やばい！　監督に怒られる」「仲間に何か言われる」こんなふうに周りのことばかり考えているのは他人軸の選手です。周りのことばかり気していて、切り替えが上手くできないのでミスを続けてしまうわけです。こういう選手は野球の時だけ他人軸になっているわけではありません。普段の生活から軸が他人になっている選手です。

例えば、ミーティングで意見を言わない選手。「何か間違ったことを言ったらどうしよう」「みんなに笑われたらどうしよう」そうやって周りの目ばかり気になっているとなかなか意見が言えません。授業で手を挙げて発言できない人もこれに当てはまります。

一人でおしゃれな喫茶店に入れなかったり、映画を観に行けない人も周りの目が気になる他人軸の人です。普段の生活から、周りの目をいい意味で気にしないようにしましょう。君のエラーやミスは君が思っている以上に周りは気にしていません。

プレーは続き、みんなはもう次のことを考えているのに、一人だけ気にしていては、切り替えることができません。もっと言えば、野球はミスを取り返せるスポーツです。9イニングのうちにそのミスを取り返せばいいのです。そして、野球は君のミスを君が取り返さなくても仲間の誰かが取り返してくれるスポーツです。

ミスをしたからといってプレーを前に戻すことはできません。エラーをしてしまったら自分の胸を2回トントンと叩く。これが君たちの「切り替えボタン」です。エラーをしたら「切り替えろ!」とよく言われますが、ただ次のプレーを迎えるのではなく、必ず何かのアクションを入れるようにしてみてください。そこで切り替えボタンを押すのです。

ミスは怖くありません。ミスをした後の考え方が大切になってきます。

「流れが悪くなる！」に騙されるな

野球には流れがあると言われます。私も野球には流れがあると思っています。ただ、その流れはプレーで生まれるものではなく人間の感情や言葉から変わってくるものだと考えています。

例えば、先頭バッターをフォアボールで出す、バントを初球に失敗する、こういう時によく流れが変わると言われます。高校野球を見ていても指導者や選手から「流れが変わるだろ！」という声をよく耳にします。

流れが変わるとは、過去のプレーが、今後のプレーに大きな影響を及ぼしてしまうことを言います。私からすると「過去のことは変わらないし、未来のことはわからない」のです。先頭をフォアボールで出してしまったピッチャーや、初球でバントを決められなかった選手にそれを責めても、過去は変わりません。

では、流れが変わると言われた選手の心理状態はどうでしょう。決していい心理状態とは言えません。この心理状態が流れを変えてしまう一つの原因なのです。

もっと言えば本当に先頭バッターのフォアボールは点数に繋がるのでしょうか。甲子園のデータを10年間取った鹿児島大学法文学部准教授の榊原良太さんのデータを見ると、ヒットで出塁を許した場合の失点確率は43.60パーセント、その回の平均失点が0.877点だったのに対し、フォアボールの場合は失点確率が43.00パーセント、平均失点は0.869点と、ほぼ違いはなかった上に、いずれもフォアボールが下回りました。

結果だけ見れば、フォアボールのほうが、失点する確率も失点した点数も少なかったことが証明されているのです。

一つ一つのプレーをプラスに変えたり、切り替えることで「流れの呪い」から解き放たれることができます。「流れが悪くなる」といった言葉や「流れが悪くなってしまうかもしれない」という心、それが何よりも流れを悪くしている原因であると気付いてください。自分たちで流れを悪くしているようなものです。当たり前ですが、感情のないロボットが試合をしたら流れは絶対にありません。

試合中に必要な「潜在意識」とは何か

試合展開によって差はありますが、ピッチャーとキャッチャー以外は、試合の時、実際にボールを触っている時間は2時間で数分ほどと言われています。野球というのは不思議なもので、ボールを触っている時間より触っていない時間のほうが長いスポーツなのです。

ここで君たちに覚えておいてほしいことは「潜在意識」と「顕在意識」です。潜在意識とは簡単に言えば「無意識化」であり、考えないで体を動かせる状態を言います。君たちが自転車を運転している時にペダルを何回漕いで……といちいちどんな状態であるかなんて考えて運転しませんよね。

私も車を運転している時に、右に曲がるからハンドルを何回まわして、と考えて運転することはありません。無意識に体が動いている状態であり、体が自動化（オートマチック）できている状態です。

つまり、君たちが投げる、捕る、打つというボールを触っている時間はこの潜在意識で試合をするところです。捕球の仕方もピッチングフォームもバッティングフォームも身に付いていてオートマチック化ができているはずです。

ピッチャーがストライクの入らない時に「えーっと、肘の位置がおかしいかな？」「あれ、リリースポイントはどのへんだったっけ？」「足は、これくらい上げて……足の着く位置は……あれ？あれ？どうなっているんだっけ？」と頭の中であれこれ考えだしてしまうと体の動きがギクシャクしてきます。

守りでエラーした時も、考えれば考えるほど負の連鎖になっていくパターンです。オートマチックでできることを、わざわざ頭で考えて意識的に行うというマニュアル動作（手動）にするのは良くないのです。

ボールを投げる、捕る、打つ時は、身体のありのままに表現させてあげるイメージを持つことです。そして、エラーをしてしまったり、ストライクが入らない時も必要以上に頭の中で考えないことです。

試合に必要な「顕在意識」を考える

では「顕在意識」が野球に必要ないのかというと、そういうわけではありません。潜在意識が感じる意識だとすると、顕在意識は物事を考える意識です。

動作以外（打っている瞬間、投げている瞬間、捕る瞬間）は顕在意識を使う時間です。野球はボールを触っていない時間のほうが長いので試合中は、顕在意識を使っているほうが長いのです。そして、顕在意識が次のプレーに影響を与えていきます。

この時間の多くはいわゆる「間」です。野球にはたくさんの「間」があります。プレーとプレーの「間」、イニングとイニングの「間」、1球1球の「間」、グラウンド整備の「間」……といったようにいろんな場面でやってきます。

この「間」は潜在意識の感じる時間ではなく、顕在意識の考える時間ですが、やってはいけないことがあります。それは「あそこで俺が打っていれば……」「あのフォアボール無駄だったなあ」など一人で振り返りをしないことです。

なぜならば過去はどうしようもありません。試合中のミスやエラーはゲーム中には考えないようにしましょう。考えるのは試合後です。

ではどのようなことを考えたらいいのでしょうか。

①試合状況の確認と次に起こるプレーの確認・準備→点差、アウトカウント、配球、相手チームの様子、風などの天候、グラウンド状況。

②自分自身の心の確認→緊張しすぎていないか、集中しているか、次のプレーを想定できているか。

③仲間の心の状態→仲間がミスを引きずっていないか、どんな言葉をかけたら前向きになれるのか。

これらは試合中に考えてもよいことです。反対に、「流れが悪くなった」「あの時ああしておけばよかった」といったようなマイナスの感情を顕在意識で持たないようにすることです。潜在意識と顕在意識を使い分けることでパフォーマンスが向上するのです。

格上格下思考はマイナスしか生まない

春季大会を前にすると、いろいろな情報が流れ、「今年のあの高校は強い」「○○高校のピッチャーはいい」という話題が嫌でも入ってきます。

毎年甲子園に出場するような、いわゆる強豪校と公式戦で戦う時もあるでしょう。反対に、毎年のように1回戦で敗退する高校と戦う時もあるでしょう。その時、君たちは試合前に何を考えて臨むでしょうか。

人というのはどうしても自分と比較してものを考えがちです。つまり、この高校には勝てるだろうという格下思考を持ったり、この高校には勝てないという格上思考を知らず知らずのうちに持ってしまうのではないでしょうか。

君たちのチームの実力ポイントが100だとします。今日の相手は「格下で絶対負けられない」そんな格下思考がプレッシャーとなったり、相手をなめ過ぎて、実力の60パーセントしか発揮でさせませんでした。実力発揮ポイントは60点となります。

一方、相手チームの実力ポイントは70ポイント。相手のことは考えずに自分たちの野球をすることだけを心掛けた結果、実力の90パーセントが発揮できました。70ポイントの90パーセントですから、実力発揮ポイントは63点となり、絶対負けられないと思っていた君たちのチームが敗れてしまいました。こんな簡単な数式のようにはならないでしょうが、格上格下思考が自分たちの実力を発揮できなかった原因となってしまうことが公式戦ではあります。

難しいことかもしれませんが、この「格上格下思考」を取り払いましょう。情報やネームバリュー、過去の戦績で、格上格下を判断しがちです。ここで大事なことは、自分たちの野球をすることを考え、相手がどんな選手なのか、どんなチームなのかを分析することです。

「○○高校だから強いだろう」「人数が少ないチームだから弱いだろう」これらは全て「思い込み」です。相手チームを分析し、その上で、自分たちが、どんな戦い方をしたら勝てる可能性が上がるのかを考えるのです。

対戦相手が格上だと思い込み、いつもはコントロールのいいピッチャーが警戒しすぎてストライクが全然入らずに四球を連発するのは、まさに必要以上に格上思考が強くなり自滅していくパターンです。

逆に対戦相手が格下だと思い込み「絶対負けられない相手」と自分で自分を追い込んでしまうこともあります。前半で作戦が上手くいかなかったり、チャンスを何度も潰していくとこの「絶対負けられない相手」という気持ちが重圧に変わり始めて焦り出し、気付いたら負けてしまったというパターンもあります。

試合で大事なのは、「本来の自分の力を発揮すること」です。必死に練習してきたことが本来の自分の力であり、試合では格上格下などを考えずに本来の自分の力を発揮することを心掛けるのです。人間が一番悔いの残ることは何だかわかりますか。それは、自分の力を出せなかった時です。「自分たちの野球」をしなければいけないのに格上格下ばかりを気にして「よそ行きの野球」をしてはいけないのです。

メンタルの世界には「セルフコントロール」という言葉があります。格上格下などを考えずに、相手を分析し、自分たちで何ができるのかというところに落とし込む作業をしていくのです。

よく、試合終了後に「自分たちの野球ができました」という選手がいますが、まさにこういうことなのです。大切なのは実力ポイントではなく、実力発揮ポイントです。自分たちの野球ができなくなる原因の一つに格上・格下思考があるのです。

春季大会の組み合わせが決まると、その格上格下意識に基づいて、「くじ運がいい」とか「やっちまった」と一喜一憂してしまうものです。それでも現実は戦わなくてはいけないのです。一人の力で勝ち抜くのは難しいものです。それぞれがパズルのピースとなってがっちりとはまっていくことで、チーム力はアップされていくことでしょう。相手が強いとか弱いではなく、自分たちの野球を確立させチームの力を強くしなければ勝ち上がることはできません。

強いチームが勝つのではなく勝ったほうが強いチームなのです。そのために大切なことは、実力ではなく「実力発揮力」なのです。

自分たちの実力を発揮して敗れてしまったのならば力負けです。相手が強かったことを認めるしかありません。しかし、自分たちの力を発揮できなかった時の敗戦は後悔が残るものです。

実力を兼ね備えるために練習があります。その練習の成果を公式戦で発揮するためには格上格下の思考を持たずに自分たちの野球をすることに徹するのです。

「チャンスがない」と嘆く選手へ

春大のメンバー発表がされると「自分はチャンスを貰えなかったから、メンバーになれませんでした」と私のところによく相談があります。私は「君にとってのチャンスとはどういうことですか」と聞きます。そうすると、すぐに答えられる選手は少なく、しばらくしてから「結果を出すための機会です」「レギュラーになるためのものです」そのような答えが返ってきます。

これらの答えも間違いではありません。続けて「君にとっての結果とはどういうことですか」「君にとっての結果とは何ですか」と質問するとさらに答えられる選手が少なくなり、答えられても非常に曖昧な言葉が返ってきます。

また、そのチャンスが試合の時だけに来ると間違えている選手もいます。試合に出るチャンスとは試合の時だけ作られるものではなく、練習や私生活から掴んでいくものです。練習をさぼっていたり、準備や片付けをほかの人に任せてうまく逃げていたりすると、誰かが見ているものです。そんな選手に限って「チャンスがない」と言いますが、チャンスが来たら自分はできると思ってしまっているのです。ですから、本当の意味でチャンスに向けての準備ができておらず、試合以外のところにも目が向かないのです。そしてなかなか試合に出られず、「チャンスをください！」と訴え、仮にチャンスをもらったとしても思うような結果が出ず、「次のチャンスをください！」となるわけです。

こうなると、自分軸ではなく、「使ってくれないから力が発揮できない」と他人軸になります。いくら技術があっても練習態度や私生活がいい加減な選手にはチャンスはそうそうやってきません。チームの仲間だってそれはよくわかっているはずですから、同情もしてくれません。

それに受け身の選手にもチャンスは回ってきづらいものです。もう君たちは高校生です。お父さんやお母さんが助けてくれるわけではありません。自分でチャンスを呼び込むために動かないと、いつもと同じままでは何も変わらないのです。

チャンスは待つものではなく、普段の練習や私生活から作られるものであり、そこへどれだけの考えと行動をしているかという積極性が必要とされています。

最後の夏へ
歩き始める
折り返し地点の夏！

第6章

3年生から何を譲り受けるのか

高校2年 夏

チームナンバーワン大賞

夏の大会はみんなで戦う時です。ですが、チームメイトの中には、仲のいい同期の2年生が3年生に混じってレギュラーメンバーとして試合に出ていると、自分はチームに必要な存在なのかと焦り、悩んでいる選手がいるかもしれません。役割や居場所がないと思っている仲間がいるかもしれません。もしくは、君自身がそう感じているかもしれません。特にベンチ入りできなかった選手はこのように考えてしまいます。

アイデンティティという言葉を聞いたことがありますか。辞書には、①自己が環境や時間の変化にかかわらず、連続する同一のものであること。主体性。自己同一性。②本人にまちがいないこと。また、身分証明。こう書いてあります。

簡単に言えば、「自分とは何か」「自分らしさ」「自分の軸」という意味であり、「自分は何者で、どういう存在なのか」ということです。自分のキャッチコピーだと考えるといいでしょう。

まずは、自分のアイデンティティを考えてみます。コツはチームナンバーワンを見つけることです。「声の大きさナンバーワン」「仲間への声掛けナンバーワン」「長距離砲ナンバーワン」「バントナンバーワン」「コミュニケーション力ナンバーワン」「監督に意見を言えるナンバーワン」「片付けの早さナンバーワン」。

どうでしょう。イメージが湧いてきましたか。自分だけでなく、ミーティングなどで選手全員のアイデンティティを考えてみるのも効果的です。自分自身で考えたアイデンティティと仲間が考えてくれたアイデンティティに違いがあって自己発見ができるかもしれません。また一人一人のアイデンティティを仲間がみんなで話し合うことで居場所や役割を持てる選手が出てくるかもしれません。

気を付けて欲しいのは「体が大きい」などの外見のナンバーワンは自信や役割には繋がらないので避けたほうがいいでしょう。アイデンティティをみんなで話し合うメリットは「認め合い」です。チーム全員にナンバーワンがある。全員がそれを認め合っている。こんな素晴らしいチームで夏の大会に臨んでほしいのです。

周りの心ない言葉を気にする必要はない

私たちの時代と大きく変わったこととしてスマホの存在が挙げられます。雑誌や新聞を読むことが減り、ネットニュースから高校野球の情報を得るようになりました。全国各地のいろいろな情報が瞬時に得られるようになり、どこにどんな逸材がいるのかや様々な動きを知ることができるようになりました。

スマホの普及とともにSNSが出てきて高校生はInstagramを中心に学校の友だちだけでなく、チームの仲間と繋がったり、甲子園で活躍した選手と繋がることもあり、かつてとは考えられないようなコミュニケーションが図られています。

SNSは、仲間と繋がるという意味では便利ですが、人を傷つける道具にもなってしまう恐れがあります。面と向かって言うわけではないので、文字にすると過激になっていることもあります。ひょっとすると、何かの拍子で君たちもそれを目にしてしまう機会があるかもしれません。

SNSでなくても高校野球の試合を見ながら解説者気取りで「監督の采配が悪い」とか「こんなピッチャー、早く替えろ」「このバッターは打てないから代打を出せ！」など球場で言葉にしている大人もいます。もしかすると君の身近な人でも君のことを「特待で入ったから使ってもらえているんだ」などと悪く言う人間がいるかもしれません。

私のところにも誹謗中傷や心ないコメントを書く人がいます。いい気持ちがするものではありません。でも、ちょっと考えてみてください。毎日、幸せな生活を送っている人が、わざわざSNSに時間を作って人の悪口を書きますか。こんな人の言葉を気にする必要はありません。心ない人の心ない言葉には思いも意味もないのです。

心ない言葉を平気で言う人間やSNSに書き込む人間が悪いのは当たり前です。そんな心ない人間の言葉より自分が口にする前向きな言葉を信じてください。君のことを本当に思ってくれている親や仲間、指導者の言葉を信じてください。

君のことを思ってくれている人の言葉には心があります。心ない人間の心ない言葉で君が大好きな野球を嫌いになってはいけません。

大会前の特別行動に気を付けろ

夏の大会前になると、いつもと違う「特別行動」が多くなってくることに気付くでしょう。壮行会であったり、大会前日に大きな声で誓いを言ったり、前日だけ円陣を組んで盛り上がったり、保護者が激励の言葉を言ってくださったり……もちろんこれらは悪いことではありません。

ただ心配なのは、練習試合や練習でしないことを、大切な大会だからと「特別な何か」をすることによって君たちの心理状態が変わってしまうことです。

壮行会を開催してくださったりすることはありがたいものです。多くの人は気合いが入ってくるでしょう。しかし、特別行動が多くなってくると「絶対に負けられない試合」だと自分たちを追い込み過ぎる選手が出てきます。

アドレナリン型の選手はこういう特別行事や特別行動によって気合いが入り、いい結果に繋がることも多いと思います。逆に、メンタルが弱い選手や緊張しやすい選手は、特別行動が多くなればなるほどプレッシャーに感じてしまうのです。また、責任感が強い選手は、いわゆる「気合いの空回り」になる傾向があります。壮行会などの特別行動の時は「絶対負けられない」と考えるのではなく「感謝の気持ち」を持つところで止めておきましょう。

大切なのは、いつもと同じリズムでいつもと同じ精神状態で大会に臨むことです。もちろん、多少の気合いや気負いも出てくるでしょう。それを、行き過ぎないよう自分でコントロールするのです。

そもそもフリーバッティングなどでは、監督さんが目の前で見ていない限りはそこまで緊張しないはずです。試合と練習は別物ではありません。試合は「点」ではなく練習の延長にある「線」です。もっと言えば私生活も「線」です。大会だからといって必要以上に気合いが入り過ぎて練習でできていたパフォーマンスが出せない……なんてことにならないよう気持ちをコントロールしてください。

「ベストなプレー」ではなく「いつものプレー」を目指すのです。そのために「いつもの心理状態」にする必要があります。

その「ポジティブ思考」は本物なのか

ポジティブ思考はプラス思考とも言われます。反対の言葉はネガティブ思考でマイナス思考とも言います。

野球選手はポジティブ思考がいいと言われています。人生もポジティブ思考がいいとよく言われます。しかし、ポジティブ思考の人の中にはポジティブの意味を間違えている人が多くいます。「偽物ポジティブ思考」の人たちです。

ポジティブ思考にも本物と偽物があります。ブランド品の偽物がありますよね。君たちはパッと見て、それが偽物だとわかりますか。おそらく、よく見ないとわからないはずです。しかも、本物と違うところはパッと目に見える部分ではなく、タグであったり、触ってみたら生地が違っていたり……とよくよく調べないとわかりません。

本物と偽物のポジティブ思考の選手も同じで、一見すると全員ポジティブ思考に見えますが、話を聞くとその違いが分かってきます。

偽物ポジティブ思考の選手はマイナスなことやネガティブなことから目を逸らしている選手です。ネガティブなことから目を背け続け、仲間に合わせて無理やりポジティブ思考に見せているようなら本物のポジティブではありません。

「本物ポジティブ思考」の選手はマイナスなこともきちんと考え受け止めています。偽物のポジティブ思考だと、落ち込むことを嫌って、がんばって浮上しようとしますが、マイナスなことから目を逸らしているので、浮上しては落ち込み、浮上しては落ち込む……を繰り返します。

本物ポジティブ思考の選手は、ネガティブであったり、マイナスなことも一つのメッセージとして考えています。そのメッセージから、必要と必要でないものを分け、必要なものに対処しているのです。だから仲間の陰に隠れてポジティブ思考に見せて監督さんなどにアピールする必要などないのです。

では、試合の時もネガティブなことを考えてはいけないのかどうかを次でお話ししていきたいと思います。

試合中は「最悪を考え」ながら「最高を想定」する

試合中のネガティブな思考はいいものではありません。試合中はポジティブで前向きな考えがいいでしょう。ですが、試合前にはいろいろなケースを考える必要があります。接戦や苦戦をイメージして心の準備をしておくことも重要です。あらゆるシーンを想定しておくことで、そのような状態になった時に「緊張」「不安」「恐怖心」を大きく感じなくなります。最悪を考えながら最高をイメージするのです。

ここでイメージトレーニングをしてみましょう。

試合当日のことをイメージします。大切なのは、試合でプレーするイメージだけではなく、そこでの自分の感情も考えてみることです。

試合当日に目が覚めた瞬間からイメージ。

←

朝起きると、どんな天気ですか。その時に何を考えていますか。

↓

布団を出て、制服に着替え、朝食、歯磨きをして、「行ってきます！」と大きな声で家を出るところまでイメージ。制服に着替えている時、歯磨きをしている時に何を考えているかイメージ。

↓

試合会場に行く途中はどんな交通手段ですか。窓からどんな風景が見えますか。それを見てどんなことを思っていますか。

↓

球場に到着後、仲間とどんな会話をして、どんな気持ちになっていますか。

↓

球場でトイレに行った時、鏡の自分はどんな顔をしていますか。緊張していますか。緊張していたらどうしますか。

↓

ランニングやアップ、キャッチボールをどんな気持ちでしていますか。

↓

試合前のノック、お客さんはどれぐらいいますか。気持ちが昂りすぎていませんか。

↓

整列の場面、さあ何を考えていますか。

↓

もし、あなたがピッチャーなら、最初の1球はどんなボールを投げますか。いい球だったら何を考えますか。悪い球だったら何を考えますか。もし、あなたが打者ならネクストバッターズサークルで何を考えますか。状況はどうなっていますか。

↓

打席に入り、投手が投げてきた球は、ストレート？ カーブ？ コースは、インコース？ アウトコース？ 高め？ 低め？ なるべく細かくイメージしてください。

↓

あなたは見逃す？ 空振り？ ファール？ ヒット？ 内野ゴロ？ その時どんな気持ちですか。アウトになったらどう切り替えますか。

こんなふうにいろいろなケースを想定してみてください。いいイメージを持つことも大切ですが、悪いことも想定してみるのがポイントです。なるべく、リアルに想像することで、試合同様にドキドキと鼓動が高鳴って緊張もできるようになると効果的です。

大事なのは、その感情になった時にどう対処するかまでイメージをすることです。緊張をしていたら、どうほぐすのか、エラーをしたらどう切り替えるのか……これ以上にないくらいリアルに緊張を高めてみて、当日の緊張を小さく感じさせるのです。

試合前に、あらかじめ緊張を経験しておくと、試合当日に緊張しても、「このタイミングで緊張しそうだな」とか、「緊張してきたからほぐしておこうか」というように、客観的に自分を見ることができます。すると緊張への対処も早くなり、試合当日は自分の気持ちをコントロールできるようになってきます。また、一回ではなくいろいろなケースを想定してみましょう。

一人でやるには限界があるかもしれません。仲間とちょっとした時間にお互いに想定してみるのも効果抜群です。

「何をしたか」と同じくらい大切な「誰としたか」

突然ですが、今、君は何を食べたいでしょうか。旅行に行くとしたらどこに行きたいと思うでしょうか。

食事をすることも旅行に行くことも一人より仲間や友人と行ったほうが楽しいですよね。「何をするか」も大切なことですが「誰と行くか」も大切なことなのです。

ただ旅行や食事なら気の合う本当の友人だけを自分で選んで行くことができますが、野球チームとなるとそうはいきません。たとえ優勝できたり、甲子園に出場できたとしても、気の合わない人間ばかりでは「何をしたか」の部分は達成できても、その喜びは半減してしまいます。

「何をするか」と同じくらい「誰とするか」は大切です。仲間のプレーを自分のことのように喜ぶ、仲間が辛い時は自分のことのように思って手を差し伸べてあげる、仲間を助ける勇気を持つ、これが野球には求められるのです。

仲間を助けるだけでなく、仲間に助けてもらうのも勇気がいります。でも、そういうことを繰り返していくことで「真の仲間」になるのです。

仲間と友だちの違いがわかりますか。仲間とは同じ目的を持った集まりです。だからこそ、その目的のために楽しいことも厳しいことも共有できるのです。その共有は「共優」になり「共勇」となるのです。

チームにはいろいろな考えの選手がいます。野球への価値観の違いから時には衝突も起こります。でも君たちを結び付けているのも野球なのです。

夏に咲くヒマワリは太陽に向かっています。どの花も同じ方向に向かって咲いています。だから「向日葵」と書くんですよね。花が咲くまでの過程は時に違ったとしても最後の夏は皆同じほうを向いてほしい……そう思います。夏の向日葵を見かけると君たち高校球児と照らし合わせて見てしまいます。

将来、今のことを振り返った時に「何をしたか」ということも大切ですが、「誰としたか」ということのほうが心には残っているのかもしれません。

3年生から譲り受けるもの

私の息子の話ですが、2年生の夏の大会前、ＬＩＮＥのステータスメッセージの画面の言葉が「3年生のために」と変わっていました。私自身も3年生のお父さんお母さんに、いろいろな場面でお世話になりました。

私は人生の中で「誰かのために」必死にがんばることはそうそうあるものではないと思っています。そしてたくさんの「ために」が最後の夏に力をくれます。家族より長い時間を過ごしてきた先輩たち。あと少しでその「当たり前」も終わりになります。

高校野球はもちろん「自分のために」がんばるものですが、2年生の夏は、3年生と一日でも長く野球をするために、大好きな3年生のために……と「3年生のために」がんばる夏になるのではないでしょうか。

3年生と戦う夏は初戦で負けてしまうかもしれません。笑顔で終わろうと言っていたのに泣き崩れてしまうかもしれません。でも誰かのために必死でがんばれたという経験はこれからの人生に必ず役立つものになります。

3年生にとって一日でも長い夏になるように下級生である君たちの力が必要です。ゆずり葉という木をご存知でしょうか。若葉が出たあと、前年の葉がそれに譲るように落葉することからこの名前が付けられている木です。3年生の先輩たちは、最後の夏を終え、後輩たちに成し遂げられなかった悔しさ、代々伝わってきた伝統を後輩たちに譲ることによって役目を終えていきます。ゆずり葉のように……。

成し遂げられなかった甲子園。成し遂げられなかった全国への道。いろいろな思いを後輩たちに託します。新チームになって葉は変わりますが、根っこは同じです。それは「伝統」と呼ばれます。変わっていいものもあれば、変わってはいけないものもあります。

代々、伝わってきたチームカラー。それは、元気なのかもしれません。決して最後まで諦めない姿勢なのかもしれません。笑顔なのかもしれません。そういう根っこは変わらずに、若葉である後輩選手たちが新しいものを付け加えていくことがチームとして必要なのです。

高校野球は野球部だけのものではない

「一日でも長い夏を過ごしたい……」そう思っているのは野球部の部員だけと思いがちですが実はそうではありません。

私には娘がいますが、高校野球のマネージャーをしていました。娘がマネージャーをしていた夏、いつもは見掛けないお母さんの姿があったので「何年生のお母さんですか？」そう声を掛けました。そのお母さんは「あっ、ウチの子……野球部じゃないんです。応援に来ているバトン部なんです」そう答えました。

娘の学校は吹奏楽部もバトン部も盛んで野球部の応援にいつもきてくれていました。吹奏楽部の生徒さんやバトン部の生徒さんのお陰で応援にはいつも華やかさがあり、選手はもちろん、一緒に応援するお父さんお母さんも勇気づけられているのです。

「あっ、そうなんですね。いつも野球部のためにありがとうございます」そう言って離れようとすると「最後なんです、バトン部も。野球部の夏が終わると同時に娘の部活も終わります。だから一日でも長く……野球部がんばってください！」そうお母さんが話してくださいました。バトン部はすでにすべての大会が終わっているため、この夏の野球部の応援が最後の活動になるというのです。

何かの賞をもらえるわけではありません。トロフィーやメダルがあるわけでもありません。ただ野球部だけのためにバトン部は応援にきてくれているのです。吹奏楽部もバトン部も野球部という高校の仲間を純粋に応援してくれています。

娘の夏はベスト16で終わりました。試合に敗れ球場から学校に向かいました。野球部だけでなくバトン部も吹奏楽部も……。学校に戻り娘とバトン部の生徒さんが涙を流しながら抱きあっている姿を見て目頭が熱くなったのを昨日のことのように思い出します。

部は違えども同じ日に終わった夏。高校野球は野球部だけのものではないのです。君たち、野球部はたくさんの人に応援してもらえていることを決して忘れてはいけません。その思いを胸に残り一年、プレーしてほしいのです。

残り1年になりました

2回目の夏が終わると残す高校野球生活はあと1年となってしまいます。

君はどこで2回目の夏を迎えたでしょうか。グラウンドの中だったでしょうか、それともスタンドだったでしょうか。もしスタンドだったとしたら絶対にグラウンドに立ちたいと思ったことでしょう。そして、その悔しい気持ちをこの夏からパワーに変えていかないとまた同じ位置から見ることになるかもしれません。

いずれにしても、ここからの1年はあっという間に過ぎます。君たちが思っている以上に時の早さを感じる1年になることでしょう。

チームには多くの仲間がいます。1年間一緒に野球をしてきて、それぞれがどんな考え方なのかはわかっているはずです。

常に前向きに取り組もうとする選手。試合に使ってもらえないのを自分の努力が足りない、技術が足りないと言える選手。反対に環境や周りのせいばかりにして自分を正しく評価してくれない監督が悪いと口にする選手もいたりするものです。

でも残された高校野球の時間は1年です。果たして1年後の自分はどこに立っているのでしょうか。あと1年、君たちに一つ約束してほしいことがあります。

それは、言い訳探しの野球人生をやめようということです。

「俺にはセンスがないから」という言い訳をする選手がいます。センスというのは努力の差でどうにでも埋まるものです。センスがないと自分で思うのならば努力をする喜びを知ることです。

また、この時期、身長差もはっきりしてきて、「俺は体が小さいから仕方ない」と言い訳をする人もいます。たとえ体が小さくても野球でできることはあります。WBCで体の小さい日本人が外国のチームに勝てたのはなぜでしょうか。野球は体重制限がなく、大きい選手でも小さい選手でも活躍できるスポーツだからです。バントや足、声……体の小ささを嘆く前に自分の武器を磨くべきです。

試合に出られないことを「監督に嫌われている」と言い訳をする選手がいます。そもそも本当に監督に嫌われているのでしょうか。ひょっとすると、自分で勝手に思い込んでいませんか。試合だけでなく練習も、準備や片付けも本気でやっていますか。

もし、本当に監督から嫌われているのであれば自分の考え方を変えていくしかありませんし、監督に好まれるために野球をやっているわけではありませんので、まずは自らがやれることをやっていくべきです。

モヤモヤしているなら監督の方針を知ることもいいかもしれません。直接監督と話すことができないチームもあるでしょう。そんなときはコーチとコミュニケーションを密にして、どういう方針なのかを聞いてみるのも方法です。

さらには「努力しているのに……」と言い訳をする選手がいます。確かに努力をしているのかもしれません。ですが、自分で「努力をしている」と言っているうちはそれは努力と言えないのではないでしょうか。努力することが目的ではありません。目的を叶えるための努力です。

「こんなチームで野球をするつもりじゃなかったのに」と言い訳をする選手がいます。環境は大切です。ですが、環境のせいにする前にやるべきことをやっていますか。「みんながやる気がないから……」そう思っている君も周りから見ると同じように映っているかもしれません。

道具の片付けや部室の整理、自ら率先してやっていますか。周りを変えようと思うのであれば、まずは自分が変わらなければ周りは変わりません。

1年後の夏、高校野球最後の日も言い訳をするつもりですか。言い訳をすればするほど自分の可能性をなくしていきます。

自分の可能性に自分でフタをしてはいけません。可能性は希望だと考えてください。1パーセントと2パーセントではさほど変わりませんが、0パーセントと1パーセントでは大きく変わるのです。それが可能性であり、希望になるのです。

言い訳をやめると君たちに「覚悟」という強力な味方が付きます。覚悟が決まれば「行動」が変わります。

1年後、背番号がもらえるか、スタンドにいるかはわかりません。ですが、言い訳をやめ、覚悟を決めた高校野球生活は1年後に君たちの財産となることは間違いありません。そして、社会に出た後も言い訳をする自分がいるのかどうかもこの1年間が大事になることを忘れないでください。

あと1年を切った
来年を見据えて
チームを作る秋！

第7章

新チームを引っ張るのは君だ

高校2年 秋

チームは舵取りで方向性を変える生き物だ

2年生の秋、新チームになり、いよいよ最後の1年が始まります。新チームの雰囲気はどうでしょうか。私はチームは生き物だと考えています。機械ではなく生き物。生き物だから衝突もあるのです。

ピラミッド型のような機械式のチームではトップの力が強すぎで他の選手は歯車の一つになりかねません。生き物ですからいい時もあれば悪い時もあります。機械ではないからこそ、感情がぶつかり合い、また話し合いで解決できるのです。

チームにはよく4つの時期があると言われています。それが①結成期、②衝突期、③一丸期、④完成期です。一つ一つ確認していきましょう。

①結成期

チームの始まりの期間です。今の君たちです。一人一人の「自覚」と「自立」を促す時期であり、チーム全員に「目標」を意識させる時期でもあります。

チームの前提は目標を一つにすることであり、この目標達成のためにがんばるのです。目標への意識を強くするためには、その目標を常に口に出し、文字に書いていくことです。部室にその目標を大きく書き出すのも効果的です。目標への意識を高めることは言語化と文字化をするしかありません。

②衝突期

衝突というと悪い言葉に聞こえてしまうかもしれませんが、衝突がすべて悪いわけではありません。では、いい衝突と悪い衝突の違いは何でしょうか。それは「目標」に対しての衝突なのか、ただの衝突なのかという違いです。

チームの目標が「甲子園出場」だとします。その目標のための衝突であればそれはいい衝突だと言えます。「もっとバントをしよう」「いや、打って勝つべきだ」。こういう意見の交換ができるのは「仲良し集団」になっていない証拠です。甲子園出場という目標が同じでありながら方法論で衝突している状態です。

目標に関係なく衝突しているのはただの「喧嘩」です。衝突期をいかに乗り越えるかが「成果の出るチーム」になるための最重要ポイントになるのです。目標への意識が薄くなると「仲がいい」ことを優先し始めます。そして、表面上は仲良く問題がないかのように振る舞っておきながら「なんであいつが試合に出られるんだ」といったような本音では不満や不信感を心に持ち、陰口を言うチームになります。そうなると目的など関係のない方向へ行ってしまうのです。

③一丸期

衝突期を抜けると選手の役割やチームの目標がはっきりしてきます。選手の中にトップダウン（上下関係）がなくなり、全員がチームの目標のためにがんばろうと思えてくる時期です。この頃になると選手の中に自立も見え始めてきます。この一丸期が早くやってくるのか、来年の夏が近づかないとやってこないのかは大きな差になってしまいます。また、衝突期がなく、なんとなく慣れ合いだけでやってきたチームにはこの一丸期はなかなかやってきません。

④完成期

いよいよ最後の時期、みんなで決めた共通のゴールに向かってチーム全員でがんばることができます。まさに「一致団結」と呼ばれる時期になります。全員がチームに誇りを持てることでそれぞれがそれぞれの場所でベストのパフォーマンスを発揮できるようになります。そうなると練習していてもそんなチームの雰囲気を感じられるようになり、内容も充実してくるはずです。

全部が全部ではないでしょうが、このような時期を経てチームが変わっていくことが多いパターンです。チームは生き物ですから進化と成長をしなければいけません。

「チームのためが自分のためになり、自分のためがチームのためになる」という考えを持てるようになるとチームと自分の関係性がよくなり、やりがいも出てくるのです。そして、この考えがよく言われる「One for all, All for one」という言葉に繋がります。

さぁ、これからどうやって４つの時期を迎えていくのでしょうか。

キャプテンには誰が選ばれるべきか

新チームになってキャプテンに選ばれた選手は期待よりも不安でいっぱいかもしれません。しかし、君はキャプテンであるために必要な要素を持っているから選ばれたのです。

野球が上手いからという理由だけでキャプテンになったのではないはずです。君がキャプテンとして必要な強い姿勢と高い意識を持っている上に、きっと一生懸命がんばる選手なのでしょう。そんないろいろなポイントを評価してキャプテンに選ばれたのだと思います。

自分のプレーだけでなく、チームへの意識レベルが高い選手なのでしょう。練習で手を抜いて、練習後もサッと一人帰ってしまう選手はキャプテンにはなれません。野球に対する姿勢と意識レベルの高さを周りの選手は見ています。その姿で君についていくかどうかを決めているのです。

野球が上手いからといって上から、あれをやれ、これをやれと言っているのはキャプテンではなく「ボス」です。では、キャプテンはどこの位置にいるのでしょうか。私も以前は「キャプテンとは常に前にいてチームを引っ張っていくものだ」と言っていました。いわゆる「馬車タイプ型」のキャプテンです。もちろんこういうタイプのキャプテンもありです。

最近思うもう一つのタイプは「タイヤの真ん中型」のキャプテンです。上にも前にもおらず、輪の真ん中にいるタイプのキャプテン。上に立とう、みんなを引っ張ろうというのではなく、常に輪の中心にいるタイプ。自分が早く動くことで周りも早く動くわけです。自分の熱量が上がれば周りも熱くなっていきます。

コミュニケーション能力の豊かさ、決断力の早さ、対応力の高さなどキャプテンのタイプは人それぞれです。大切なことはチームの選手だけでなく、応援に来てくれるお父さんお母さん、地域の人に対しての気配りと心配りもできないといけません。気遣いと心遣いだと「遣って」ばかりで疲れてしまいますが、気や心は「配って」いれば必ずまた戻ってきます。

一人で抱え込まずに時には仲間を頼ることも必要です。キャプテンを理解し、一緒になって動いてくれる仲間が周りにいればいるほど、目標に向かってがんばれるチームづくりができるはずです。

「陣」という力

君たちのチームにピッチャーは何人いるでしょうか。高校野球になると多くのチームがピッチャーは別メニューになり、ピッチャーはピッチャーの選手たちだけで行動することが多くなります。走り込みや体幹といった練習メニューは厳しいものが多くなっているはずです。彼らは「ピッチャー陣」と呼ばれます。一人ではなく「陣」なのです。たった一人しか背負うことができない背番号「1」を目指しているライバルですが、仲間です。辛い練習を共に支え合っていくピッチャー陣です。

試合でピッチャーが打ち込まれたり、暑さでへばってきたりすると、ベンチやブルペンにいるピッチャー陣から激励の声が響き渡ります。

ピンチを迎え、ピッチャー交代の場面。「ピッチャー陣」の登場です。それぞれがそれぞれの役目を理解して彼らはマウンドに登ります。そのマウンドは小さい小さい山ですが、努力を積み上げ、仲間から信頼を得た者だけが登れる山なのです。

辛い練習を共に耐えてきたピッチャー陣だからこそわかることがあるはずです。夏の大会は一人のピッチャーでは勝てないのです。

同じことは野手にも言えます。彼らは「野手陣」です。何千本ものノックを共に捕り、何万回もバットを共に振ってきた野手陣。野手一人ではアウトは取れません。野手陣でアウトを積み重ねていくのです。そのアウト一つ一つが甲子園に繋がります。

投手陣と野手陣が共に力を合わせるとそれは最強の「布陣」になります。その布陣が円くなると「円陣」と呼ばれます。試合前の円陣は「エンジン全開」の狼煙を上げる時です。最強で最高の布陣で戦うことを「束になって戦う」と言うのです。

新チームはいきなりエンジン全開で進めるほどうまくはいきません。まずは投手陣、野手陣がそれぞれの陣をひとつにし、強固なものにしていくことから始めましょう。これからやってくる最後の冬練を乗り越えた先には、きっとチームとして強くなって、堂々と戦うことができる布陣になっているはずです。

相手に勝つ時間より自分に克つ時間のほうが長い

負けて悔しい、あの場面で打てなくて悔しい、君たちはこの悔しさをバネにして強くなっていきます。悔しさは次へのパワーに変わります。

悔しいというのはその場ではマイナス要素に感じてしまうものですが、野球をしていく上でのこの悔しさというのは君たちを変えてくれる「プラスの感情」です。

反対に、エラーをしてふてくされる、レギュラーを取れずにひがむというのはマイナスな感情です。このマイナスの感情は自分を変えるきっかけになってくれませんし、チームにとってもいらない感情です。

私が少年野球の指導していたある年代での話ですが、大事な試合でサヨナラ負けを喫したことがありました。試合後、全員が大粒の涙を流しました。私も悔しくてその光景をよく覚えています。その全員が泣いた写真を「この悔しさを忘れないようにベンチに置いておいてください」と当時のキャプテンが言ってきたことがあります。

あんなに悔しい思いはもうしたくない……写真を見るたびに全員が思い出し、悔しさを忘れないようにしていました。

相手に勝つために必要なのは自分に「かつ」ことです。自分に「かつ」という漢字は「克つ」と書きます。己に克つとよく言いますよね。克服などの漢字にも使われるように「努力して困難に打ち克つこと」です。

試合で相手に勝つ時間は数時間です。それ以外の時間は自分に克つ時間であり、相手に勝つ時間より、自分に克つ時間のほうが遥かに長いのです。

自主練をサボろうとしている自分や練習で手を抜こうとしている自分に克てない人間が相手に勝てるわけがないのです。

相手に勝つ「勝ち癖」も大切ですが、自分に克つ「克ち癖」をつけることは野球以外にも役に立ちますし、社会に出てからも君を支える大きな力になります。その「克ち」は今後の人生の「価値」になります。それには「覚悟」と「本気」というアイテムが必要になってくるのです。

「辛いけれど楽しい」と言える選手になれ

「辛いけれど楽しかった」と、多くの高校球児が高校野球を終えたときにこの言葉を使います。日々、厳しい練習、思わぬ怪我、時には監督さんに叱られたり、なかなかレギュラーを取れなかったり……君たちの中にもいろんな悩みを抱えている選手もいるでしょう。高校野球を終えた後に「辛いけれど楽しかった」とは言えるかもしれませんが、現役の最中は「辛いけれど楽しい」という気持ちにはなれないかもしれません。

新チームが始動し、秋季大会で結果が出たかどうかはわかりませんが、「辛いけれど楽しい」と答える選手がいます。こういう選手は厳しい練習をどう考えているのでしょうか。

マラソンをする人がいます。マラソンをしている時はきっと辛いはずです。山登りをしている人がいます。山登りをしている時はきっと辛いはずです。でも彼らはゴールをしたらどれだけ気持ちいいのかを想像していたり、体験したことがあるからがんばれるのです。高校野球の選手もそれは同じです。

今日の厳しい練習は辛いです。決して楽しいものではありません。でもその辛い練習の先に何があるのかを想像してください。もっと言えば、その先もです。「甲子園に行きたい」と答える選手は多いですが「なぜ、甲子園に行きたいのか？」と質問すると答えられる人は少ないものです。そういう「未来」を想像している選手が「辛いけれど楽しい」と言えるのではないでしょうか。

今まで捕れなかったゴロが練習をして捕れるようになってきた、苦手なコースを何度も何度も練習して打てるようになってきたと実感できれば辛くても楽しいと感じてきます。そんな選手がたくさん出てきたら目標に向けてがんばれるチームになってくるはずです。

マラソン選手も登山者も、もう走るのも山を登るのもやめようと思う時があるかもしれません。そんな時に沿道のファンの声援や立ち止まった山の中腹から自分が歩いてきた道を確認することでまた前へ進めることもあります。野球も同じです。

辛い時に「あー辛いなあ」というひと言で終わらせてしまうのと「あー辛いなあ。でも辛い先にはいい結果が待っているぞ」と思える選手とでは結果が大きく変わります。

「自由」と「自分勝手」を間違えるな

最近では「自由」という言葉が多く使われます。ですが、その自由の意味を間違えている人も多くいます。

自由には、必ず「責任」がついて回るということを覚えておいてください。例えば、勉強をやらないのは、君たちの自由です。その代わり、成績が下がり、勉強をやらなかったことに対する責任を負わなければいけません。

「勉強はやりたくないし、成績が下がるのも嫌だ」というのは、自由でも何でもありません。「自分勝手」というものです。また、自分勝手の人間は周りのことも考えません。つまり「自由には責任がある」のです。

もし君が船長だとしたら、君はどこにでも行くことができます。船長なのですから君の自由に決められます。しかし、嵐があったり、危険な目に遭った時に、君は自分でいろいろなことを決断し行動しなくてはいけなくなるのです。

君がチーム内で「もっと自由にやりたい」と思っていることは、ひょっとすると「自由」ではなく「自分勝手」なのかもしれません。自分勝手に動いていると仲間たちからも見放されていきます。

また、自由というのは「楽をする」ということでもありません。ミーティングで意見を言わずに、みんなの言う通りにしていれば「楽でいい」と思っている選手は、自分で考え行動するという「自由と責任」はないものだと考えたほうがいいかもしれません。

君たちの野球部にも規則やルールがあるでしょう。それは「自分勝手」を禁じているものが多いはずですが、本当の自由を理解しているチームは規則が少ないものです。規則が多すぎるチームは「自由」と「自分勝手」の違いがわからないので規則で縛ることになってしまうのです。

君がチームで浮いている存在になっていると感じたら自由と自分勝手を間違えているのかもしれません。自由とは、そこに責任があり、人に迷惑をかけない行動だということを忘れないようにしてください。

一緒懸命なチームになろう

新チームになって「一生懸命がんばります」と宣言したキャプテンもいたことと思います。この語源は「一所懸命」ということを知っていましたか。辞書で調べると「一生懸命」は命がけでことに当たる。「一所懸命」は一つの場所を命がけで守ること。こう書かれています。

中世の武士が自分の領土を守るために必死で頑張っていた「一所懸命」が今では物事をがんばることの意味だけが残り、「一生懸命」に変わっているようです。

野球にはたくさんの「一所」があります。ポジションという「所」。マウンドという「所」。バッターボックスという「所」。コーチャーズボックスという「所」。ホームベースを守るという「所」。そしてチームという「所」。

君たちには一所懸命がんばる「所」がたくさんあります。チームという「所」でがんばることができれば、後々の自分の人生においても「一生懸命」がんばれることに繋がるはずです。

そこには君たちと一緒に汗と涙を流した仲間がいます。そして、どんな時にも一緒に見守ってくれたお父さんお母さんがいます。辛い時に一緒にキャッチボールをしてくれたり、アドバイスを送ってくれた兄弟がいます。高校野球を続けてきた君たちには「一緒」にがんばってきてくれたたくさんの人がいます。

みんな「一緒懸命」だったはずです。君が野球で辛い時、仲間は君と一緒に涙を流し、話を聞いてくれたはずです。お母さんはお弁当に君の好きなおかずを入れてくれたはずです。心配でグラウンドに来て隅でこっそり君の姿を見たことがあるかもしれません。

お父さんは、言葉は少なかったけど送迎をしてくれたり、小・中学生の時は疲れている体にムチを打ち審判をしてくれたこともあったでしょう。

一年もしないうちに、そういう人たちと「一緒に迎える最後の夏」がやってきます。だからこそ、まだまだ懸命に野球をしなければならないのです。

秋、君たちの新チームの手応えはどうでしょうか。「一所懸命」で「一緒懸命」にがんばってください。

練習でトライしなければ試合でトライできない

練習で君たちは失敗やミスが出ているでしょうか。練習や練習試合でも失敗やミスは許されない。そんな状況や雰囲気になっていないでしょうか。

時にはそのような緊迫感がある練習も必要だと思います。しかし、それが毎回毎回では「失敗を出せない」のです。

牽制の場面、「右ピッチャーと左ピッチャーでリードの歩幅を変えてみたい」「スタートの種類をいくつか練習で試してみたい」「スライディングの位置を考えてみたい」など、これらのことは公式戦ではなく、練習や練習試合でしか試すことのできないものです。失敗やミスというよりは「試す」と言ったほうがいいのかもしれません。

「どんな練習をすればいいですか」と質問を受けるときは「どんどん練習で試すことです」と私はお伝えしています。指導者によっては練習試合でも負けたくないという考え方もあると思いますが、「公式戦に繋がるための失敗」＝「試し」は練習試合でどんどん失敗していいのです。

もっと言えば「失敗を出したほうがいい」と思っています。出さないではなく、出すのです。練習で試さなければ、公式戦でトライすることも成功することもできません。野球はどんなシーンがいつ訪れるかわかりません。練習していないととっさの場面でバタバタしてしまい、アウトにできるものもアウトにできなかったりします。

練習は当然のことながら失敗を少なくし、技術の精度を上げていくものです。だからこそ失敗を出すことも大切なのではないでしょうか。それをしないためにはどうするのかを確認するのが本当の練習だと思うのです。

失敗は成功のもと、と言いますから、失敗することによってやり方を改めることができたり、確認ができたり……かえって成功へと繋がることになります。本当の失敗とは何もチャレンジをしないことです。

今までの練習方法でよいのかをみんなで考えるのも新チームがやるべきことかもしれません。何も考えずに与えられた練習だけをしているのが一番もったいないことではないでしょうか。

1年生の台頭に焦るな

2年生の秋になっての新チーム。今まで試合に出ていなかった1年生たちが台頭する時期でもあります。君たちが1年生の時にそうだったように徐々に高校野球に慣れ、体力の差も埋まってきています。1年生たちにレギュラーを奪われてしまった2年生もいるかもしれません。「俺のほうがいい球を投げるのに」「俺のほうが打てるのに」といったように思う選手もいるでしょう。

その気持ちもわかるのですが、まずは監督さんが求めていることを理解するようにしましょう。監督さんのイメージしているのはどんな試合でしょうか。スタメンの9人やベンチに選ばれるためのピースに自分は当てはまっていますか。1年生がどうというより、まずは自分を選手としてもう一度考えてみる必要があります。

ただこの秋の時期というのは監督さんもいろいろな野球を試したい時期でもあり、1年生も含めて多くの選手を見てみたいのです。戦い方のバリエーションを増やしたいということから選手起用も多くなってきます。

また秋のシーズンに限ったことではありませんが、「監督が使いたくなる選手」になることです。監督さんに媚びを売るとかそんな次元の話ではなく「コイツは試合で使いたいな」と思わせる選手になることです。

それは一発のある長打力かもしれませんし、バントの確実性かもしれません。左のワンポイントだって必要かもしれませんし、技術的なことではなく、毎日、練習をまじめにやっている姿、誰よりも大きな声でチームを鼓舞している姿かもしれません。

もっと言えば、1年生がレギュラーを取ったからといって、来年の春大会のレギュラーが約束されたわけではありません。ひと冬を越えると、今までベンチに入っていなかった2年生の仲間だって頭角を現してくるに違いありません。

最後の夏まで1年を切っています。君たちに安泰の季節などありません。ライバルは後輩でも同期でもありません。まずは自分自身です。

根を下に深く伸ばせ
自分を大きく変える
最後の冬!

第8章

この冬を乗り越えた先に見えるもの

高校2年 冬

チームの現在地を知ることの重要性

2回目の冬。この冬が終わると、いよいよ春大、そして最後の夏がやってきます。秋大が終わり、これから長い冬の練習に入っていく時期です。新チームで決めた「目標」にどれぐらい近づいているのでしょうか。今のチームの「現在地」はどこにあるのでしょうか。

新チームになって数か月が経ち、いろいろなものが見えてきているはずです。目標に対して順調に進んでいるチームもあれば、軌道修正をしなければいけないチームもあるはずです。いろんなことを見つめ直す時期でもあります。

練習メニューは今のままでいいのか。目標への意識が薄らいでいないか。一人一人の役割はどうか。そもそも、この目標で間違っていないか。もし意識や役割、目標など新チーム結成時に決めたことが間違っていると感じているのであれば、まだまだ考え直すことができるのがこの冬の期間です。

車のカーナビに例えます。カーナビは多少遠回りだったとしても設定した目的地に必ず導いてくれます。しかし、目的地をまったく別のところに設定してしまったとすれば、違って設定したその場所へと道案内をしてくれるものです。また現在地がどこかわからなければ進む道を教えてくれません。だからこそ、チームの今を見つめ直すべきなのです。

時には歩いてきた道を振りかえることも必要です。また、今、立っている現在地をどのような道で歩いてきたのかを確認することも大切です。

冬練が始まるこの時期だからこそ時には「立ち止まる」ことをしてみるのはいかがでしょうか。新チームができて数か月ですが、そのチームだってあと半年しかないのです。「後で考えればいいや」なんて思っているとあっという間に冬は終わってしまいます。

いま立ち止まるからこそ見える景色や気付きがあるはずです。今のチームに何が足りないのか、持続していくべきことは何なのか。冬練が始まるこの時期にチームの「現在地」を指導者と選手自身が把握することで春や夏にどういうチームになっているのかが大きく変わって来るのかもしれません。

アピール力を間違えてはいけない

「アピールすることが苦手なんです」「アピール力がないんです」こんな相談がよくあります。

選手だけでなくお父さんお母さんからも「ウチの子はチームで4番です」「ウチの子はエースです」と何も聞いていないのに自らいろいろお話をしてくる方もいらっしゃいます。さらには自分の子どもに「監督の前でアピールをしなさい！」「あなたは力があるのにアピールが足りないのよ」とはっぱをかけるお父さんお母さんもいます。

そもそもアピール力とは何でしょうか。「自分はこんなにできますよ」というのを見せつけることなのでしょうか。私は、本当のアピール力というのは「チームに自分がどれだけ貢献できるのか」ということだと思っています。

試合の時に監督さんの前で気合いを入れてバットを振ることはアピールとは言いません。その時だけのアピールは監督さんもお見通しのはずです。

やはり「チームのために俺はこれだけ貢献できる」という君の考えやそれに基づく行動、自信がアピール力になるのではないでしょうか。

アピール力というのは試合の時や試合の直前だけに生まれるものではないのです。アピール力は長い期間かけて作られるものです。長い冬を越えると最後の春と夏がやってきます。その春と夏にアピールをするためにこの冬が大切になってくるわけです。

厳しい冬練では他の選手たちが手を抜く場面があるかもしれません。いつも一緒に遊んだりしている仲のいい選手が人の目を盗んでさぼっているかもしれません。それはきっとプレーに出てしまうはずです。

そんななかでも流されることなく練習に一生懸命取り組む姿、片付けやチームのことを率先してやる姿はアピールにもなります。そう考えるとアピールというのは、監督さんのためにするものではなく、自分のためにするものだということです。

他人に見せるためだけのアピールは作られたものであり、自分のためにできたものが本物のアピール力であることを忘れないでください。

自信は「自身」からしか生み出せない

あるアスリートが「滝修行」をしている番組をテレビで見たことがあります。大切な試合で負けてしまったこの選手は「精神的弱さ」だと痛感し、自ら滝修行をしている……といった内容でした。

この「滝修行」について皆さんはどう思われるでしょうか。「今の時代に滝修行をするなんて古いよね」と思われるかもしれません。

私は接戦の時にこそ「技術」だけではなく「精神力」も大きな力になると思っています。ギリギリのシーンや大事な試合で必要なアイテム……それは「自信」です。「俺はあそこまでがんばったのだから必ず打てる」そう思える自信。そして、その自信を持てるための「根拠」が必要になります。

根拠にはがんばってきた経過があります。このアスリートは滝修行でしたが、何をするかは一人一人違っていいのです。というか、滝修行ができるところはそうそうありませんから（苦笑）。

人間が一番自信を持てるものは何だかわかりますか。それは「継続してきたもの」です。朝に自主練をすることもそのうちの一つです。夜に1時間素振りをしたり、走ったりするのと朝に同じことをする違いは何でしょうか。

練習時間も練習メニューも同じですが、みんなが寝ている1時間前にあえて起きてバットを振るわけです。夜中にスマホをいじっている1時間を止める。その分、1時間早く寝て、朝バットを振る。一般的には、夜にするよりも朝にするほうが辛いはずです。その辛いことを継続できたというのは「覚悟の表れ」が証しになったはずです。それを継続できたことがピンチの場面や接戦の時に自信に繋がるのです。

自信というものは自分「自身」で体験したことでしか生まれません。自分の身体で経験したものだけが自信になります。つらい冬練に取り組んでいる最中だと思いますが、昨日も今日も、そして明日も決めたことをやり続けた自信は、きっと飛距離や球速、走力という結果で自分に返ってくるはずです。

君のために行動してくれる人間を信用しなさい

私の息子はあの甲子園がなくなった世代です。世の中の状況がそうなんだから仕方ないと諦めなければいけない気持ちと、息子だけでなく、あの世代の選手たちに何かできないだろうかと思う気持ちがありました。そこで独自大会を何とか開催して欲しいと考え、署名活動をさせていただいたり、メディアの取材もたくさん受けました。

あの時に私の考えを改めさせてくれた言葉があります。「言葉は嘘をつくが行動は嘘をつかない」というものです。あの時に、署名をしてくださり「行動」に移してくださった方と「言葉」だけで何もしなかった人が私には、はっきりと見えました。

もちろん署名するしないというのはそれぞれの判断ですが、言葉だけの人というのは「かわいそうだね」「残念だね」とは言うものの、いざとなったときに署名などの行動にまで移すという人はそれほどいませんでした。

君のためにいろいろアドバイスをしてくれる人はたくさんいるでしょう。言葉も大切ですが、君たちが人を信頼するかどうかは、行動を見るようにしてください。その人がどんな人間なのかがわかります。言葉では、いくらでも嘘をつけます。それは、実生活でもSNSでも同じです。

しかし、行動は嘘をつきません。行動には、必ずその人の人格や本性が出てきます。いくら口でいいことを言ったり、君のことを心配してくれていてもその人を信用するかどうかの見極めは「行動」です。

逆に「自分は信用されていないな……」と感じている人は、言葉だけで行動をしていないのかもしれません。おそらく行動と言葉が一致していない可能性があります。言葉だけの人間だからチームから信頼がないのかも、と考えてみましょう。

行動力のない人間は、すぐにめんどくさいと思う人です。また、「行動する理由」ではなく、「行動しない言い訳」を優先します。社会に出ても一番信頼されるのは言葉ではありません。行動なのです。その行動力を、野球を通じて高めてください。必ず社会に出てからも君の味方になってくれます。

壁は壊すものではなく乗り越えるもの

高校野球をしているとたくさんの壁が君たちの前に立ちはだかります。秋季大会に2年生でメンバーに選ばれなかった選手は、大きな壁を感じているのではないでしょうか。1年生の時には自信のあった選手も「なんで俺はだめなんだ」と壁の存在に気づいたのかもしれません。

私は、壁は乗り越えるものだと思っています。眼の前にある壁は乗り越えなければいけません。壁は登るからこそ、後々振り返った時に自分を守る砦に変わるからです。

「あの時にがんばれたから今回もがんばれるんだ」と、後から振り返った時にそう思えるように壁（砦）が見えるようにしておく必要があります。

アグレッシブで負けず嫌いな選手には「まだまだこんなもんじゃないだろ！」「お前はこれで終わりか！」私はあえてそんな声を掛けることがあります。こういう選手は壁があればあるほど燃えるものです。

逆にすぐに挫折をしてしまう選手がいます。こういう選手は自らが「壁」を作っているわけです。私からすると石のように小さなものを「壁」だと思い込んでいます。そして、一度そう思ってしまうと「また壁がきた」と思って、諦めたり、悩んだりしてそれを乗り越えようという意識にはならないのです。

周りから見れば石ころのような悩みでも本人は大きな壁だと感じてしまっているのは、その選手の性格であるかもしれず、仕方ない部分もありますが、こういう選手ほど「最悪」「無理」といった言葉を使いがちになります。

壁を越えられないからといって無理やり壊してしまっては次の壁を乗り越えることもできません。乗り越えた壁がたくさんあればあるほど、その壁は君たちの野球人生やその後の人生を守ってくれる砦となってくれます。

その砦は経験とも呼びます。もっと言えば、大きな壁などというのはそもそも存在しません。それを、越えられない「壁」と思い込んでいる自分がいるだけなのです。

その思い込みは自分の「弱い心」です。だから、まず越えるべきなのはその「弱い心」です。

本当の意味での「ノリ」がいいチームとは？

いろいろなチームにお邪魔させていただく機会があります。そこで感じることの一つに「ノリの良さ」があります。この「ノリ」の語源は君たちが社会で勉強した能楽からきています。能楽では「リズム」「テンポ」のような使われ方をしています。

漢字では「乗」と書きます。このノリも「平（ひら）ノリ」「中（ちゅう）ノリ」「大（おお）ノリ」という3つの種類があります。「ノリ」というのは本来チーム全員で気持ちを一つにして、全員で盛り上がることを言います。

いいチームというのは全員のノリが良く、みんなで声を出し合い、みんなが盛り上がるような言葉や行動をしているチーム。いわゆる「大ノリ」をしているチームです。

逆に一見ノリがいいチームに感じますが、よく見ると一部の選手だけが盛り上がっているケースが見受けられます。さらに質が悪いのは、味方の特定の選手を「いじっている」チームです。私が不快に感じたのは、ある特定の選手に声をかけているようでよく聞いていると揶揄していたのを見たときです。空振りしたら「なんだそれ！」とニヤニヤしながら変に盛り上がっていて失笑すら出ていました。自分がうまいと思っている人ほど、そんな態度を見せます。

こういうのはノリがいいとは言いません。「悪ノリ」しているだけです。君たちは仲間のどこを見ているのでしょうか。野球が上手い下手ではなく、「一生懸命やっているかどうか」を見るべきです。一生懸命プレーをしている仲間に個人攻撃しているチームは決してノリがいいチームではありません。一人では罪悪感があるので、悪ノリの仲間を増やして安心しているのでしょう。このような選手がどんどん増えていくとチームを立て直すことは非常に難しくなります。

特に3年生がいなくなり、2年生の天下となった時期に生まれやすい現象です。今、これを読んで心当たりがあり、自分は悪ノリをしていたかも……と気が付いた選手。君のストレス発散のために個人を攻撃することはやめましょう。

自分たちではノリがいいと思っていても、周囲の人が聞いていて不愉快に感じたり、仲間への配慮がないものはすべて悪いノリなのです。

目標は細分化することで達成しやすくなる

冬の練習は走ることが多くなったり、基礎練習を繰り返したり、ウエイトなどきついと感じることを日々続けることになり、目標への意識が薄らぐ時期でもあります。

「甲子園に行く」などの大目標があるはずなのに、この練習が本当に甲子園まで続いているのか……迷ってしまう人もいるでしょう。

そんな時は目標を細分化してみることをおすすめします。冬の間の目標を決める、この一か月の目標を決める、もっと細かくすれば1日の目標も毎日決めてみることです。さらにバッティング練習、守備練習、走塁練習といったようにすべての練習メニューで目標を決めることで間違いなく意識が変わります。

時間は誰にでも平等ですが、心の時間は人それぞれです。1時間ノックを受ける時に君たちは何を思っているでしょうか。「だるい」「疲れるから嫌だ」「まだやるの?」そんなふうに思ってノックを受ける1時間と「今日はグローブの角度を意識するぞ」「ハンドリングを早めよう」そうやって考えている選手の1時間では、1時間後には大きな差となっているはずです。

それが1週間、1か月となれば、差はどんどん広がっていきます。意識の差が技術の差となってしまうのです。

大きな目標を叶えるためには小さな目標をコツコツ積み上げていくことが達成するためのポイントです。チームで考えるならばキャプテンを中心に一か月の目標、一日の目標、それぞれの練習メニューでの目標を決めてみてください。自分がすべき目標であれば、前日の夜に考えてから寝る習慣をつけてみてください。

そして、大事なのは、その目標を達成できたのか、またはできなかったのかという一日の振り返りを必ずすることです。練習に疲れてしまうと、目標のことも忘れ、その日どうだったかすら考えずに寝たくなりますが、少し振り返るだけでいいのです。真剣にそれができるようになった選手は1か月で何かが変わってきたという実感が湧くはずです。意識が変われば行動が変わってきます。

監督に評価される選手とされない選手

自分は監督に嫌われているのではないか。そんなご相談をよくいただきます。もしくは、監督に評価されないという悩みも寄せられます。

高校野球の監督さんは、選手のどこを見て評価しているのでしょうか。一番わかりやすい評価は数字です。打率や防御率などの数字は評価の基準になります。

では、数字だけで選手が評価されるかというと、それだけではありません。数字に見えない部分も監督さんは見ています。いわゆる「人間力」と呼ばれる部分です。打つ力や投げる力は「目に見える力」です。逆に「目に見えない力」が「人間力」と呼ばれるものです。ただし、これらの評価基準をすべて選手に明らかにしているかどうかは監督さんによって違います。選手はその理由を知らないから自分だけ評価されない……と思い込みやすくなるのです。

では、私が思う人間力について5つに分けてみます。

①気付きの力

気付くとは「気が付く」ということです。自分の気持ちがあるものに「付く」ものです。仲間が困っていて助けようと思うことも自分の気持ちが仲間に「付く」ことができるかどうかです。お父さんお母さんや指導者の方に「感謝」する気持ちに自分の心が気付けるかどうかです。全ての「力」はこの気付きの力から生まれてきます。

②やり遂げる力

「野球を楽しく」とよく言われますが、本当の楽しさを得るためには厳しい練習があってこそです。その厳しい練習も含めて「野球は楽しいもの」です。最後までやり遂げることによって君たちは「自信」という将来に役立つものを手に入れることができます。

③仲間を想い遣る力

野球に限らず団体スポーツは「チーム」であり、チームの中の一人に属することになります。将来、社会人になったら会社という「チーム」に属します。やがて結婚し子どもができたら家族という「チーム」ができあがります。人間は一人では生きて行けず必ず何らかの「チーム」に属することになります。チームの中には必ず困っている人がいます。その時に野球で育んだ「仲間を想い遣る力」が役に立つはずです。

④自ら考え動く力

野球をしていると様々な場面で「判断をする力」が必要な場面が出てきます。それは、プレー中であれば、瞬時に、そして自分で判断しなければいけません。その瞬時の判断力は野球の時だけ作られるものではなく私生活から身に着けなくてはなりません。何かを尋ねられた時に「えっとー」が口癖の選手がいますが、これを守備の時に置き換えたらどうなるでしょうか。打球が来てどこに投げるかを瞬時に判断しなければいけないのに「えっとー」と考えていたら、もうおしまいです。瞬時に自分で判断するには、普段から自分で考えて行動する力＝「考動力」が備わっていなければできません。

⑤感謝する力

野球は一人ではできません。一緒に汗を流した仲間やサポートしてくれたお父さんお母さん、指導者の方の力があってこそ君たちは野球をやり遂げることができます。その「謝意を心から感じる」という力を、野球を通した選手たちは得ることができ、ありがたさの意味を知ることもできます。その力は優しさ持った証しでもあります。そして、「心で感じられることができる力」が「人間力」と呼ばれるのだと思います。

この5つの力が身に付いてくると「野球脳」が高まってきます。プレーの先読みや仲間への声掛けなどに大きな変化をもたらします。また、チームに何が足りないのか、自分はチームの一員として何ができるのかという部分まで考えられます。ここが高校野球の監督さんが見る数字以外の評価です。ただ間違えてはいけないのは人のためにがんばることはいいのですが、人の評価のためにがんばることとは目的が違います。人の評価のためにがんばろうとすると本来の目的からずれはじめ、人の評価ばかりを気にする自分になって疲れてしまいます。

結果を出しているのに監督さんに嫌われている、と思うなら、人間力を高めることです。

甲子園という道標

茨城県の明秀日立高校で甲子園に出場した田中杏璃さん。彼女の名前をご存じの方も多いのではないでしょうか。彼女はマネージャーとしてだけではなく副将として甲子園に出場しました。杏璃さんは、おじいさんが宮城仙北ボーイズの監督さんであり、お兄さんも宮城仙北ボーイズから明秀日立に進んだ野球一家の娘さんです。

杏璃さんが副将に決まったのは2年生の秋。杏璃さんは悩みました。チームメイトにどこまで求められているのかが気になりだし、周りの目も気になり始め、目立つことをしたくなくなり、取材も断りました。そんな時に金沢監督にこう声をかけられました。

「100人いたら100人お前を認めてくれるわけではない。お前を認めて誇ってくれる人のためにがんばればいいんじゃないか。そのお前のがんばりを見て家族がどれだけ喜んでいるのか考えたことがあるか」

この言葉で杏璃さんの迷いが消えました。金沢監督との出会いが財産であり、この出会いをくれたのは高校野球だと。だからこそ高校野球に感謝していると、杏璃さんはそう話してくれました。

その後、夢の舞台であった甲子園に出場。杏璃さんにとって甲子園は「多くの人との出会いやたくさんの声援をいただき、想像以上の人に応援されていたことに気が付いた時、自分は1秒たりとも無駄にせず野球に向き合ってきたのか」と考えました。

高校で野球と離れるつもりだった杏璃さんは大学でも野球を続ける道を選びます。甲子園という場所は杏璃さんに野球の素晴らしさを教えてくれたのです。

杏璃さんは、今、お兄さんと同じ大学に進みマネージャーをしています。

「お兄さんをずっと追いかけているんですね」と尋ねると追いかけているわけではないのだと……「兄に憧れているのではなく、兄は憧れるきっかけを作ってくれた存在」と話してくれました。

お兄さんが道標だということは、杏璃さんにとって、甲子園も道標だったのでしょう。

杏璃さんは道標の先にある何かを探して野球を続けていくでしょう。

迫りくる夏
まだ諦めては
いけない春！

第9章

春が来た！夏も来る！やるしかない！

高校3年 春

自分だけの武器を見つけてしっかり磨け

冬練が終わり高校球児の皆さんは紅白戦などの実践的な練習が始まり、チーム内での競争も激しくなっている時期でしょう。

残す大会は春の大会、そして、夏の大会です。春の選抜高校野球の出場校は決まっていますので選抜に選ばれていないチームにとって甲子園を目指すことができるチャンスは夏の大会だけになりました。

スタメンはたった9人。しかし、野球というスポーツは選手交代の数に制限はありません。ベンチ入りのメンバーが20人であれば11人の選手を交代することができるわけです。

では君たちに質問です。あなたに「武器」はありますか。走・攻・守を兼ね備えた選手はもちろん魅力的ですが、一つの武器を持っている選手も魅力的です。

守備や足は他の選手よりも見劣りするけど、長打力という武器を持っている選手。ここぞという場面で代打として監督は使いたいはずです。逆に長打力がなくても、足という武器を持っている選手。ここぞという場面で代走として監督は使いたいはずです。守備、バント、声、その武器が強烈であればあるほど監督さんは使いたくなるものです。

途中交代で試合に出場する選手は大事な場面での登場が多くなります。それはチームがチャンスの時かもしれません。逆にチームがピンチの時かもしれません。いずれにせよ「ここぞ」という場面で君たちの武器がチームのためになるのです。

本来ならば、もっと早いうちに自分の武器が何かを見つけ、最後の冬練でより磨いておくべきだったはずです。もし3年生のこの時期に、自分の武器が明確でないとすると焦ってしまうかもしれませんが、なんとしてもグラウンドで一緒にプレーしたいのならば、その武器を見つけてアピールするしかありません。

この武器は君たちがコツコツ積み上げてきたものです。積み重ねは最大の武器になります。その武器を登場させるチャンスは試合中に一回だけしかないかもしれません。でも、自分が積み上げてきたことを信じてその場面を迎えてください。

自分を信じなくて誰が信じるのか

対戦相手も決まり、もうすぐ春大が始まります。ということは、いよいよ最後の夏が近づいてきています。「自分はメンバーに入れないだろうな」と思っている3年生の選手もきっといることでしょう。

「メンバーに入れないかも」と思っているのなら、きつい言い方になってしまいますが、残念ながらメンバーには入れないでしょう。

なぜなら、ほかの仲間は必死になってその限られたメンバー入りを信じて練習をしているからです。メンバーに入れないと自分で思っている以上はメンバーには入れないと思ったほうがいいでしょう。

高校野球のメンバーに入ることはそんなに簡単なことではありません。自分を信じてあげなくて、誰が君を信じてあげるのでしょうか。毎日毎日、お弁当を作ったり洗濯をしてくれるお父さんお母さんは、君が最後までがんばることを信じているのではないですか。

君が「本気」で一生懸命がんばってきたのか、どこかで手を抜いてきたのか……それは本人しかわかりません。ただ確かなことは、もう残されている時間はあまりないということです。6月には引退試合が行われる高校もあります。そうなれば、メンバーに入れなかった選手たちはサポートに回ることになります。

今はまだ諦める時期ではありません。だからこそ何となく練習に参加している場合ではないのです。まだ君にはがんばれる時間が残っています。本気で野球に取り組める時間が残っているのです。仮にメンバーに入れなかったとしても、そのがんばった自分が、がんばった気持ちがメンバーから外れた時の自分を支えてくれます。そして、その後の自分の人生をしっかりと支えてくれます。

今しかないのです。人生のうちで、大声を張り上げ、汗を流し、涙を流せる時は数多くあることではありません。今は今しかやって来ないのです。まだ君たちにはその時が残されていると思ってください。まだ君はがんばれる。まだ君たちは野球ができる。

大事な場面でバットを振る勇気

春大でのワンシーン。やっと代打でバッターボックスに立つ場面がやってきました。しかもランナーがいて一打逆転のシーン。ボールに集中して、思い切り振ることはできたでしょうか。大事な場面でバットを振る勇気はどこから生まれると思いますか。それは、日々の積み重ねからくるのです。毎日、目的を持ってバットを振った自分がいますか。ただ回数をこなすだけでなんとなく素振りをしていた自分はいませんか。雨だからと言ってバットを振らなかった自分はいませんか。

やっている「つもり」、がんばっている「つもり」では「積もらない」のです。そして、いざという緊張度が高まるようなシーンでは、不安のほうが勝ってしまいバットが振れないということに繋がります。

努力を中途半端にしている選手ほど「俺はこんなに努力をしているのに」と言って周りのせい

にします。本当に努力をしている選手ほど「まだまだ俺は努力が足りない」と言って、自分のほうに心の矢印を向けるのです。

「俺はこんなに努力をしている」と努力していることを自慢する選手にはならないことです。努力をしていることをアピールするのではなく、結果で努力を感じさせればいいのです。なぜならば努力をすることは目的ではありません。努力は目的を叶えるための手段だからです。

努力は癖にしてください。努力を習慣にしてください。そうすることで努力することが当たり前になり「俺は努力をしているのに」と考えることもなくなってきます。

よく「努力は必ず報われる」と言いますが、決してそうとは言い切れません。莫大な努力をしても甲子園に届かなかった選手はたくさんいます。いくらやっても思うような結果が出ないこともあります。

しかし、努力をしない人間は何も始まりませんし、何かが起きることもありません。さらには何も残らないのです。最後の夏に向けて必死になってやった努力によって必ずしも「成功」できるとは限りませんが、必ず君たちを「成長」させてくれます。

言葉はプレーにも生活にも繋がっている

第4章で「無理と言える仲間を作ることが大切だ」と言いましたが、簡単に何でも「無理だ」という言葉を使うのは好ましくありません。

本当に辛い時は無理だと言えることも大切ですが、言葉の重みを考えずに口癖のようにこの言葉を使うのは自分の可能性を自分で否定しているようなものです。

最悪なことでもないのにすぐに「最悪」と言ってしまうのは、自らの「最悪ハードル」を下げています。高校球児の皆さんと話していても「こんなことで最悪なの」と思ってしまうぐらい最悪という言葉を簡単に使っています。無理も同じです。今は無理かもしれないけれど、がんばればできるかもしれないことなのにすぐに「無理」という言葉を使ってしまう選手がいます。これも「無理ハードル」を下げているのです。

特に意味もなく、「最悪」「無理」と口にしているので、そんなに目くじらを立てるようなことではないと思うでしょう。でもこういう言葉は周囲で聞いていると自分自身で「レベルダウン」させているようなもの。意識のレベルダウンが言葉に出ているのです。

メジャーやプロ野球で活躍する選手には最初から無理だと考えている選手はいません。自分のことを信じて「がんばればできる」と思い続けて行動してきたはずです。

「最悪」「無理」が口癖の人にいい選手はいません。普段から、無理が口癖の選手は試合中にリードされたら「もう無理だ」と考えるはずです。最悪が口癖の選手は試合中にミスをしたら「最悪だ」と考えるはずです。普段から使っている言葉が練習や試合に出てくるのです。夏のメンバー発表を前に「やっぱり無理だ」と思ったら、もう気持ちは前を向いていきません。さらに言えば、周りで聞いていても気持ちが高まらず、不快です。

「無理だ」「最悪だ」といつも自分に否定的な言葉を投げかけていれば、できなかった時に、「やっぱり無理だった」と自分を納得させるだけでチームにいい影響はひとつもありません。言葉には、気持ちを変え行動を変える大きな力があります。自分の言葉によって、自分自身の思考も行動も変えることができるはずです。

自分で決断できる選手になる

野球には決断力が必要とされる場面があります。この決断力のある人がチームを引っ張る存在になり、社会に出てもリーダーとして活躍するのです。

逆に決断力のない人はチームの足を引っ張る存在になってしまうかもしれません。決断力がない選手は自分に自信が持てません。あれこれ考えることはできますが、自分に自信がないため行動に移せないのです。

決断力のない人は、失敗をしたらどうしようという意識が強く働き、よけいに決断ができません。また、自分で決められないので決断を他人任せにしてしまいます。

レストランに行ってメニューが決まらず「なんでもいいよ」といってなかなか決まらない結果、「お前と同じものでいいや」と言ったのに、その注文したものが口に合わなかった時、「何だよ、お前と同じものを頼んだのに全然おいしくないじゃないか」と言ったりします。自分で決められないから人任せにした結果、人のせいにするというケースです。

決断力がないがために人任せにして、さらには人のせいにするような選手に、いや、そんな人に絶対にならないでください。決断力のなさは行動力のなさとも言えます。決断できたとしても行動するまでの時間が長いのもよくありません。野球であったらその隙に相手にいいようにやられてしまいます。

考えることは悪いことではありませんが、時には瞬時に考え、瞬時に発言し、瞬時に行動することが求められます。野球とはそういうシーンの連続です。まずは瞬時に判断できるよう日頃から癖をつけることです。

何か質問された時、すぐに答えられますか。「えっとー」「えー」というのが癖になっていませんか。守備の時に自分のところに打球が飛んできた際、「えっとー」と考えている間にプレーは終わってしまいます。瞬時の判断、瞬時の決断をするには、経験の蓄積や次のプレーを予測することが材料となるのです。ボーっとしていては、瞬時の判断などできません。頭でイメージを膨らませて準備をすることで決断できる選手になれるのです。

マネージャーも最後の夏に向けて戦っている

私の娘は部員150名の高校で野球部のマネージャーをしていました。小学生になりリトルリーグで野球を始め、中学はソフトボール部へ。高校ではプレーヤーではなくマネージャーの道を選びました。

「パパ、今日◯◯がホームラン打ったよ」「パパ、今日◯◯とこんなこと話したよ」と毎日、部員のことを私に嬉しそうに話してくれました。

娘を見ていると、損得じゃなくて、純粋に部員を応援しているのが伝わってきました。私はマネージャーというのは野球が好きだからできるものだと思っていました。でも娘は野球が好きである以上に部員が大好きだったのだと思います。

選手を純粋に応援したい。そんな姿を娘から教わりました。君たちのチームにいるマネージャーさんも同じはずです。重たいジャグを持ち、何百、何千匹という鶴を折り、試合のときはスコアを書いたり、練習試合ではアナウンスをしたり、夜中までお守りを作ったり……時には先生に叱られ涙を流すことだってあるかもしれません。それでも彼女たちがマネージャーを続けているのは君たちが一生懸命になって野球に取り組む姿が好きだからなんです。

マネージャーはある意味、選手に一番近いところで君たちを応援してくれている大切な存在です。マネージャーは実際にグラウンドに出て野球をするプレーヤーではありません。ですが、プレーをする人を一生懸命応援するプレーヤーです。

人を応援するのは損得じゃない。野球が好きだというのはもちろんですが、それ以上に仲間が好きであることが大切だということを3年間マネージャーを続けた娘から私は感じとることができました。

残すは夏。戦っているのは選手だけではありません。マネージャーも一緒になって一日でも長く野球をやりたいと、最後の夏へ向けて戦っているのです。これで野球を離れるマネージャーさんがほとんどでしょう。だからこそ選手である君たちは、その思いを叶えるために最後の最後まで必死にやり抜かないといけないのです。

自分で自分を慰めるのはまだ早い

仕事帰りの電車で3年生の教え子とバッタリ会ったことがあります。春大が終わった直後のことでした。

強豪校に進んだ彼。残された数か月の高校野球。「どうだ、がんばっているか？」そう私が聞くと「厳しいです。春もメンバーに入れませんでした。夏もメンバーに入れないと思います」と下を向いて答えました。少し沈黙のあと「それでもがんばったんで……もう悔いはないです」と彼は作ったような笑顔でそう言いました。

「お前さ、まだ数か月あるんだろ。俺はがんばったな、後悔してないな、なんて自分に言い聞かせるつもりか？」と厳しめに話し、今はまだ諦める時期ではないし、まだ戦う時期だと彼に伝えて別れました。

ライバルとなかなか縮まらない差。迫りくるタイムリミット。彼のように「自分で自分を慰め始める選手」が出てきます。圧倒的な差、もうチャンスももらえない……となるとそんな心境になる気持ちもわかります。

でも、まだその時期ではないのです。チームのサポートをして野球を終えようと考えるのはメンバー発表の後にすればいいことです。

この時期に、たとえ可能性はわずかであるかもしれませんが希望は残っているんです。今はまだ戦う時期であることを絶対に忘れないでください。

後日、彼から私のところに連絡がきました。

「リトルリーグの時、強豪チームと戦う前に僕たちは相手が強いんだから今日は負けそうだなという雰囲気を出していたら、本間さんから、戦って負けるのは負け犬じゃないけど、戦う前から逃げ出そうとしているのは負け犬だ、って言ってもらったことを思い出しました。これじゃ後悔しそうな気がします。残り数か月だから、死に物狂いでがんばります！」。

彼の夏まであとわずか……でもまだ「希望」は残っています。君たちも同じです。まだ戦う時間は残されています。可能性も希望も残っているのです。

どん底は地に足が着いたと考える

野球というスポーツは感動を与えることがあるのはもちろんですが、時に残酷な結果をもたらすこともあるものです。

大逆転勝ちしたチームの陰には大逆転負けを喫したチームがいます。最後のバッターを切れ味のいい球で見逃し三振に取ったピッチャーがいれば、そのボールに手が出ず見逃し三振をしてしまった選手がいます。いいプレーができれば、その反面で悔しい思いをするのが野球です。

私の教え子で1年生からレギュラーになった選手がいました。彼はリトルリーグでも中学のクラブチームでも常に中心で活躍する選手でした。そして高校野球でも1年生からその実力を発揮していました。

私もそんな彼の活躍を楽しみにしていて、2年生の夏の大会では球場へ足を運びました。その日、彼は先発で起用されていました。一進一退の緊迫感のあるゲーム展開で、試合は同点のまま最終回へ。

ツーアウト3塁の場面、その教え子のところにボールが飛んだのですが、グローブから弾き、彼のエラーによって試合の幕が下りました。

両チームとも整列しているにもかかわらず、彼はその場から動けず、先輩の肩を借りて列の最後に並んだ姿を鮮明に覚えています。先輩の最後の夏を自分のエラーで終えてしまった……きっと彼はそう思っていたのでしょう。

翌週から新チームの練習になりましたが、彼の姿はありませんでした。お父さんから私のところに「あの子が家から一歩も出ないんです」と連絡をもらいました。

彼にとっては、小学校から中学校、そして高校野球になるまで順風満帆で家族や周囲の仲間の期待に応えてきたのですが、たったひとつの、最後のエラーは今まで生きてきた中で一番の挫折だったはずです。

私は彼に会いに行き、「3年生に申し訳ない気持ちもわかるけど、ここで野球を辞めたらお前はずっと野球を嫌いなまま一生を過ごすことになるんじゃないか。この挫折は野球で乗り越えることしかできないんじゃないか」と思いを伝えました。

涙を流しながら彼は「先輩に申し訳ないです……」とぽつりとつぶやくように話をしてくれました。最後に私は、「お前が野球を続けることを先輩も望んでいるんじゃないのか」とだけ言って別れました。

それから数日後、彼のお父さんから「やっとあの子が練習に行きました。本当にありがとうございます」とメールがきました。私は、また彼が野球に戻ってくれて良かった、そう思っていました。

数か月が経って、彼が古巣のリトルリーグのグラウンドにやってきました。「どうした？」と聞くと、チームには戻ったけど試合には全く出られなくなってしまったこと、その間に肘を故障してしばらくは治療が必要なことを伝えにきたというのです。

また彼に試練がやってきました。リトルリーグや中学時代にチームの中心でやってきた選手はこういう挫折にもろいケースがあります。そして、彼は「もう落ちるところまで落ちましたよ」と悲しそうに微妙な笑顔でそう言いました。

「そうか、落ちるところまで落ちたか。じゃあ、やっと地に足が着いたんじゃないか。どん底っていうのは地に足が着いた証拠だ」と言うと「えっ」という顔をしていましたが、私はこう続けました。

「お前、今日、野球を辞めますって、俺に言いに来たんだろ。落ちるところまで落ちたって言うんだったら、もう上がるしかないだろ。ここからスタートすればいいじゃんか」

その後、彼は最後の冬をがんばって乗り越え、いま夏の大会に向けて一生懸命になっています。リトルリーグや中学で中心人物だった自分に別れを告げ、一から泥まみれになり這い上がってきたのです。

高校野球を最後まで続ける難しさ、それでも這い上がってきた彼。少年野球や中学で活躍していたときには見えなかったことがたくさん見えているはずです。彼は自分が活躍していたときに、ベンチにいた選手がどう思っていたのかを感じることができたはずです。そういう思いをした選手は強くなります。

挫折はいつどの場面で訪れるかわかりません。辞めるのは簡単ですが、ここまで続けてきた野球です。挫折をバネにがんばる姿勢は、社会に出てもきっと役立つはずです。

真っ向勝負の変化球もある

最後の夏に向けて、毎週のように練習試合が組まれている時期だと思います。

ある試合の大事な場面でピッチャーが変化球を投げ、打たれてサヨナラ負けをしたことがありました。ゲーム終了後に「あの場面で変化球なんか投げて、気持ちが逃げている証拠だ。だから打たれるんだ」とコーチに言われていました。

キャプテンがバッテリーを呼んで話を聞いたそうです。「何で変化球を選んだの？」「一番自信があったボールだったから」二人はそう答えました。

確かにストレートとの対決は見ているものをワクワクさせます。野茂投手と清原選手の対決などは胸を躍らせて私も見ていました。では変化球は逃げていることになるのでしょうか。

このバッテリーは「変化球で真っ向勝負」にいったのだと思います。ただ、高校野球になると、この「一番自信のある球」の他に変化球を選んだ「根拠」も必要になってきます。

今、中学野球や高校野球を見ると変則ピッチャーを多く見かけます。特に左ピッチャーには多いですね。上から投げていた時に、自分は先発では生き残れない、何か自分を変えて役割を果たせるようにしたい。それには自分には何が必要で何を「個性」としたらベストなのかを考えた結果でしょう。

もちろんストレートに磨きをかけるピッチャーもいるでしょう。コントロールに磨きをかけるピッチャーもいます。変化球に磨きをかけるピッチャーだっています。彼らはピッチャーとして自分が持っている「個性」を磨いているのだと思います。その個性が錆び付かないように自らを磨いているのです。

「自信を持って投げた変化球」「自信を持って投げたアウトロー」試合で気持ちを込めて投げられるのは彼らが日々、その日に向けて磨いてきたからです。それは決して「逃げの球」ではないのです。

春の大会で何を投げるか悩んだ時に、変化球を選んだことは決して逃げた結果ではありません。そう思えるだけの自信を持って夏を目指してください。

花は一瞬には咲かないもの

春の大会を終えていろいろと振り返りをしているチームもあることでしょう。つい格下意識を持ってしまい「絶対勝てる」と臨んだのに負けてしまったチーム。最終回で逆転されてしまったチーム。エラーをしてしまった選手。思うようなピッチングができなかった選手。春の大会が悔しい結果になったチームや選手も多いのではないでしょうか。

春が終わると夏がやってきます。3年生にとっては最後の夏。その夏で野球人生を終える選手も多いはずです。高校球児の花は夏に咲くヒマワリ。夏にあの堂々と咲くヒマワリは皆、太陽の方向を向いて咲いています。それが「向日葵」の由来でもあります。

みんなで同じ方向を向いていなかった時期もあったでしょう。ですが最後の夏はヒマワリのようにチームみんなが同じ方向を向いているはずです。

咲かずして散る花はありません。野に咲く花にも役目があります。道端に咲く花にも役目があります。気持ちが落ち込んでいる時にその道端の花を見て元気をもらえることだってあるのです。この世に必要でない花はありません。

高校球児に必要でない選手はいません。高校球児である君たちは全員、夏に咲くのです。グラウンドに出ている選手だけではない、ベンチの選手もスタンドの選手も、それぞれの場所で花を咲かせるのです。どこで咲くかではなくどう咲いたかです。

その花を咲かせたのはお父さんお母さんや指導者の方々、そして仲間です。少年野球の頃、その花は芽を出し、少年野球の指導者に育んでもらい中学野球へ。中学野球の指導者に大きくしてもらい高校野球の指導者へ。そして、いつもお父さんとお母さんが大切にその花を見守ってきたから最後に大輪の花を咲かせるのです。

春の大会で負けてしまった悔しさ……わかります。グラウンドに立てなかった悔しさもわかります。でも、夏はすぐやってきます。春の大会で負けた今こそ前を向くのです。

花は一瞬には咲きません。一日一日……少年野球から過ごしてきた今までの日々があったから咲くのです。夏はもう目の前に来ています。

嘘の付けない夏が始まる
最後の一球まで
戦いきる夏！

第10章

高校球児から孝行球児になる夏

高校3年 夏

試合中に見せる笑顔のワケ

最近の高校野球では選手がグラウンドで「笑顔」を見せることが多くなりました。昔だったら「なんで笑ってるんだ！ もっと真剣にやれ！」と叱られたかもしれません。

テレビや球場で観戦していて、ピンチの時なのに笑顔でいるのは抵抗があるという意見もあれば、リラックスさせるために笑顔はいいという意見もあり、笑顔ひとつでもいろいろな考えがあります。

私は試合中に笑顔を見せるシーンが好きです。というのも仲間の笑顔を見て元気になるのは、共に仲間と厳しい練習をしてきたからだと感じるためです。

厳しくて辛い練習。「あー、もうだめだ」と思った時に横を見たら、仲間が歯を食いしばっている姿がある。「自分ひとりじゃない」と仲間のがんばっている姿を見て勇気や元気をもらえたはずです。そんな厳しい時間を共有した仲間だからこそ、試合中の「笑顔」に効果があるのです。

君たちは厳しい練習や辛いことを「分け合ってきた」のではなく「分かち合ってきた」はずです。一枚のクッキーを二枚に割って誰かに半分あげる場合、本当は自分一人で食べたいけど仕方なくあげることもあるでしょう。これは「分け合う」です。

「このクッキー、美味しいぞー」と仲間の喜ぶ顔を見たいから、仲間と美味しいことを一緒に味わいたくてクッキーを半分にする。これは「分かち合う」です。同じような言葉ですが、その意味には大きな違いがあるのです。

きっと楽しいことだけでなく、厳しい練習を分かち合ってきただろうし、ポイントとなる試合で負けて挫折すらもみんなで分かち合ってきたことでしょう。そしてまもなく最後の夏の大会を迎えます。

一緒になって、必死になってやった仲間だからこそ、グラウンドで見せる君の笑顔がみんなに元気を与え、安心を与えます。ひょっとすると勝敗を左右するかもしれません。

試合中の「笑」顔は厳しい練習を「耐」えてきたからこそです。さあ「夢」の舞台へ。「笑耐夢（ショータイム）」の始まりです。

悔いが残る夏があってもいい

最後の夏の大会を前にした大切な時期。私は3年生にこう聞いたことがあります。「どういう夏にしたい?」ほとんどの選手が、「悔いなく終わりたいです」と答えます。さらに、「悔いなく終わるっていうのは具体的にどういうことなの?」と聞き返すと、「えっと……持っているすべての力を試合に出せればいいと思います」多くの選手がそう言います。

確かに悔いを残したくないという気持ちは大切です。この「悔いのないように」という言葉は選手だけでなく、お父さんお母さんもそうあってほしいと口にします。悔いのないほど精一杯努力をして、仮に最後の夏の大会で負けてしまっても満足できるのであればそれはそれで素晴らしいことです。

実は、私がその3年生に言いたかったのは、最後の大会で負けた試合ではなく、日々の練習や私生活でも悔いがなかったのか、ということでした。

いい加減に練習をやってきた選手が、「悔いのない夏にしたいです」と大会前に言って、大会後に「悔いはありませんでした」と言うのは私の中では疑問です。結果は悔いがなかったとしても、過程に悔いがあったとすれば、悔しさを感じるはずです。

もちろんすべての選手が、過程も結果も悔いなく終わるわけではありません。試合後に「もっと練習をちゃんとやっておけばよかった」と気が付くことができれば、今後の人生の大きな収穫になると思います。君たちの人生はこれからのほうが長いのですから。

誰だって、悔いは残したくないはずです。「悔いのない最後」もいいですが、「悔いがある最後」も悪いものではないのかもしれません。「悔いを残したくない」そう思うのは君たちの本心であるだろうし、そう言わないと夏が終わらないのかもしれません。

悔いが残ったのに無理に「悔いはありません」と言う必要はありません。その悔いは「もっと一生懸命やっておけばよかった」「一生懸命やっていたつもりだったけれどまだまだできた」「一生懸命やっていたのに悔いが残った」など、どの悔いなのかはわかりませんが、それは今後の人生のいろんな場面で活きてくるはずです。

ランナーコーチャーとして迎える夏

ランナーコーチャーは勝敗を左右する重要な役目です。当然のことながら野球というのは1点でも多く相手より点を取れば勝つスポーツであり、そのために、一つでも先の塁に進めて点を取りに行くのです。

たった1点のように思いますが、それには1コマ分ずつ塁を進めていき、積み重なった点数で勝敗が決まります。その判断をするのがランナーコーチャーです。

展開を読み、相手ピッチャーの癖を見抜き、守備力を見極める洞察力。三塁に来るランナーを回すか止めるかの一瞬の判断力。そして、それをランナーに伝える伝達力。いろいろな力が要求されるのです。

試合に出ていない誰かが簡単にできるポジションではありません。洞察力、判断力、伝達力もランナーコーチャーが鍛え上げてきた武器です。そして、この力を持ちながら冷静でないといけないのです。監督さんはそれを見極めて君に託しています。

最終回、1点負けていてランナー2塁。シングルヒットの場面で勢いだけで手を回すランナーコーチャーではいけません。アウトカウント、次の打順、相手のポジショニングや肩……すべてのことを頭に入れて手を回すか止めるかの判断を「瞬時に」しなければならないのです。

大切なことなのでもう一度言います。その場の雰囲気や勢いだけで手を回してはいけません。夏の大会の雰囲気は独特です。今まで経験したことがないような気持ちになるのはランナーコーチャーも同じでしょう。だからこそ、ランナーコーチャーが冷静な洞察力、冷静な判断力、冷静な伝達力を持っていなければならないのです。

ランナーコーチャーの君によって勝てる試合があります。ランナーは君の声やジェスチャーを見て全力で駆け抜けて行きます。そして、そのランナーがホームインした後にランナーコーチャーが飛び跳ねて喜んでいる姿が私は大好きです。

あの四角い白線の中が君のポジションです。誰でもできる役割ではありません。そのポジションに誇りを持ってチームを勝利に導いてください。

怪我でグラウンドに立てずに終わる夏

「なんで最後の最後に」この夏のために、最後の夏のために、遊ぶこともしないで、この夏にかけてきたのに……。

最後の夏を前に、故障が発覚してしまった選手。なぜこの時期に怪我なんだ、そんな思いの選手もたくさんいるでしょう。もしくは、最後の夏に間に合わせるために懸命にリハビリをしてきた選手もいるでしょう。

お父さんやお母さんだってその怪我が何とか治ってほしい一心で病院に連れていってくれたはずです。その悔しさは口に表せないほどだと思います。

しかし、最後の夏はやってきます。

怪我や故障をしたあの日のあの時のちょっと前まで時間を巻き戻すことはできませんし、これからやってくる夏大の時間を止めることもできません。辛い言い方になるかもしれませんが、これが現実です。

高校入学の時は、怪我をして最後の夏をグラウンドで迎えることができないなんて想像もしていなかったはずです。甲子園へ向けてマウンドに立つ、大声援のなかで思い切りバットを振る、ギリギリの打球を飛び込んでキャッチし、全力でアピールする。そんなプレーを頭で描いていたはずです。

打球にイレギュラーなゴロがあるように人生にもイレギュラーなことがたくさん起こります。それは、この時期での怪我というだけでなく今後の人生でも同じです。

人間の器とはこういう時に「何で俺だけ、ずるいよ」と腐ってしまう人間になるのか、こういう時でも「何かできることはないか」と必死になって仲間のためになろうとするかで変わってくるのだと思います。そして、君のその行動を仲間も見ているのです。

故障をして最後の夏がスタンドであったとしても君はメンバー外なんかじゃない。まだまだ仲間のためにできることがあるはずです。そして、そういう状況の中でがんばった自分というのは社会に出た時に今度は自分をきっと支えてくれるはずです。

全力で駆け抜ける夏

私の息子は戦後初の甲子園がなくなったあの世代でした。甲子園を目指し、ひたすら練習に打ち込んでいたあの世代は、高校3年の春大も夏大もなくなりました。そして緊急事態宣言の中、練習もできない日々が続きました。

高校で野球に区切りを付ける選手も多かったでしょう。今でもあの夏を思い出すといろいろな気持ちが交錯します。

最後の夏は独自大会という形で開催されましたが、ブラスバンドなどの応援もなく、地域によっては3年間苦楽を共にした仲間も観戦が許されないところがありました。私たちは保護者の観戦も許されない夏でした。

私は高校野球をやり遂げようとするわが子の表情を見ることができませんでした。仲間と喜びを分かち合ったり、悔しさを感じたり、どんな顔で、どんなプレーをしたのかもわかりません。そして、どういう涙で最後の夏を終えたのかも知りません。

日常が戻ってきた今、人は当たり前ということにすぐに慣れてきているような気がします。君たちは練習ができて、夏大の日も野球ができること、スタンドから仲間を応援できること、ブラスバンドやチアの仲間が猛暑の中で君たちを応援してくれること、そして、お父さんお母さんが君たちの最後の姿を見られることが、決して当たり前ではないということを知っておいてください。コロナ禍の中で、それらすべてのことが、あの夏の選手にとっては当たり前のことではなかったのです。

仲間のために大声を出せる喜びは高校生活における大切な出来事としてずっと思い出に残ります。そして、最後の夏をお父さんお母さんに見てもらってください。高校生になり気恥ずかしくて「観に来なくていいよ」と言っていたけどヒットを打った帰りの車でお父さんに「今日はよかったな」と言ってもらえて嬉しかったはず。そんなやり取りもこの夏で最後になるのですから。

君たちが今、最後の夏まで野球ができ、最後の夏を迎えられ、たくさんの人に応援されることは当たり前ではないんだと感じて、この夏を全力で駆け抜けてください。

お陰様がお陽様に変わるとき

最後の夏がやってきました。君は大事な場面で何を思うのでしょうか。最終回、一打逆転の場面でのバッターボックス、苦しいピッチングが続くマウンドの上、そんな時はスタンドを見てください。君たちはたくさんの人のお陰で高校野球最後の夏を迎えているのです。

小さいころ、おじいちゃんとキャッチボールをした日、兄弟と近くの公園でプラスチックのバットで遊んだ日、お父さんと一緒に小学校のチームへ体験に行った日、お母さんがグラウンドへ来て慣れないスコアブックを付けた始めた日、おばあちゃんが初めて試合を見てくれた日。そんな日があったからこそ、そのバッターボックスやマウンドに立っているのです。

そして、強いスイングができたり、速い球が投げられるようになったのは、少年野球や中学野球の指導者が、根気強く、叱咤激励しながら教えてくれた日々があったからです。この夏まで野球を続けて来れたのは自分のお父さんとお母さんのお陰だけではありません。小学校や中学校、そして高校で一緒にプレーをする仲間のお父さんやお母さんのお陰もあって君たちはこの夏を迎えられたのです。

そんな人たちがいま、君のことをスタンドから応援してくれています。多くの人たちのお陰で高校3年まで野球を続けて来られたのです。たくさんのお陰をみんなの「ために」に変えて思いっきりプレーしてください。

「お陰様で」という通り、君たちは、目に見えなかったり、自分が知らない陰のところでたくさんの人に支えてもらってきました。そのたくさんの陰があったからこそ君たちに陽が当たっていたことを忘れてはいけません。

大事な場面、バッターボックスに入る前に素振りをしながら、スタンドを見てください。君を支えてくれた人たちが最後の応援をしてくれています。みんな君に力をくれた人たちです。陰となって君を支えた人たちからたくさん力をもらってください。感謝の気持ちを持てた選手はたくさんの人からパワーをもらえます。たくさんの「お陰」を「ために」に変えるのが最後の夏です。君たちがそう思うことで支えてくれたお陰様の人たちにも陽が当たり「お陽様」になるのです。

感謝を言葉で伝える日

「感謝をする気持ちを大切にしなさい」とは野球をする上でよく使われる言葉です。私は全国各地を毎週のように飛び回り、多くの人に講演会でお話させていただきますが、野球は「心で感じるもの」だと思っています。

心技体という言葉があります。野球に限らず、スポーツなどではよく使われる言葉でしょう。心技体と書かれている順番の通り、心が一番前にあって野球はするスポーツであり、野球の心構え＝「心が前」だと私は信じています。

高校野球最後の日。君たちが手にしたものは何だったでしょうか。最後まで勝ち残るチームは全国でたった一つだけ。それ以外のチームは負けた悔しさや、やりきった気持ちなどいろんな感情があるはずです。最後までがんばり抜く大切さ、仲間への思い、それらはすべて目に見えるものではなく、心で感じ取ったものです。

感謝……文字通り、謝意を感じると書きます。「親に感謝しなさい」「指導者に感謝しなさい」と言われて「はい！」と答えるようなものではありません。自らが心に感じて初めて「感謝」だと思うのです。

野球を通して君たちは「感謝」の気持ちを手に入れることができましたか。私自身、野球をしてきた中で、親の思い出す姿はお弁当を作ってくれたり、洗濯をしてくれた母の姿であり、仕事から帰って疲れているはずなのに、夕飯の前に素振りのスイングをチェックしてくれたり、土曜日や日曜日、ゆっくり寝ていたいのに、眠い目をこすりながら送迎してくれた父の姿です。

言葉で言われたことではなく、そういった姿ばかりが思い出されます。感謝の「謝」という漢字は「言葉を射る」と書きます。心から感じた時にこそ本当の「ありがとう」という言葉が射られるのではないかと思います。そして、その謝意を感じることが多いのは、高校野球最後の日なのではないでしょうか。

心から「有り難い」という感謝の気持ちを「ありがとう」という言葉にして伝えることができる日でもあるのです。さあ、いよいよ最後の試合のプレーボールです！

高校球児から孝行球児になる日

試合終了のサイレンが鳴る——。

敗者として聞くそのサイレンは高校野球の終わりを告げるサイレンです。なかには野球人生を終えるサイレンの人もいるでしょう。グラウンドの中で聞く人もいればスタンドで最後のサイレンを聞く人もいるでしょう。

どこで咲いたかではなくどう咲いたか。どこにいようと君たちは最後まで高校野球をやり遂げた誇りを持ってください。

親のお陰、仲間のお陰、指導者のお陰、3年生の夏はその「お陰」を親の「ため」に、仲間の「ため」に、指導者の「ため」にがんばった夏になったはずです。「お陰」を「ために」へ変える夏を経験したことでしょう。特に君たちがどんなに辛い時でも必死に支えてくれたお父さんお母さんには必ず有り難うと伝えてください。

当たり前の反対は有り難し。君たちがここまで野球ができたことは決して当たり前のことではなく有り難いことだったはずです。

そして、高校野球最後の日に親の手に触れてください。お母さんのザラザラしたその手は、毎日君のお弁当を作り、洗濯をしてくれた手です。お父さんのゴツゴツしたその手は、君たちが野球をできるようにと毎日働いてくれた手です。

その手が君たちをここまで導いてくれたことを忘れてはいけません。同時に、高校野球を終えた君たちは、今日、高校球児から孝行球児になりました。1年生の春に高校球児だった君たちは3年生の夏に「孝行球児」になれたのです。

高校野球を3年間やり遂げた君たちをお父さんお母さんも誇りに思っているはずです。高校野球の終わりを告げるこのサイレンは、君たちの新しい人生が始まるサイレンでもあります。

野球を終え「野球人」から「人」になる人もいるでしょう。野球で学んだ感謝や最後までがんばる気持ち……野球を終えた後、野球で学んだことを社会に出た時に活かせるのが本当の野球人と言えるはずです。

応援団長からの手紙

最後のあの夏が今の自分を支えている

2年生の夏。私はメンバーに入れずスタンドにいました。メガホンでありったけの声を出して先輩たちの夏を応援しました。3回戦で終わってしまった先輩との夏。グラウンドで迎えられなかった先輩たちがスタンドにいました。

応援団長だった先輩は代々受け継がれてきたハチマキから汗がしたたり落ちていました。そして負けた後、団長は涙も流さずに凛とした態度で夏を終えました。その額にはハチマキの跡が日焼けとしてクッキリ残っていました。その姿は2年生の僕にはとてもカッコよく見えました。しかし、3年生の夏はメンバーに入りたい……そう思って2年生の夏を終えたのです。

2年生の秋の大会はメンバーに入れず、3年生の春の大会はなんとかメンバーに入れましたが、3年生の夏の大会、メンバー発表で僕の名前が呼ばれることはありませんで

COLUMN

3

した。これまで必死にやってきたつもりなので心の整理がつくまで時間がかかりました。

名前を呼ばれなかった3年生が集まり「メンバーを思いっきりサポートしよう」と決め、僕は応援団長に立候補しました。去年の夏、あの先輩の姿が目に焼き付いていたからです。

1回戦の時、あの先輩が応援に来てくれました。応援団長になった僕に「みんなのためにがんばれ。そして自分のためにがんばれ」と声を掛けてくれました。私が応援団長として試合をしたのは3回戦まででした。去年の先輩たちと同じ3回戦で最後の夏を終えたのです。負けた瞬間、涙が出そうになりましたが、去年の先輩のように最後まで凛とした姿でいようと我慢しました。

球場の外で行われたラストミーティングでも私は涙を我慢しました。そして、泣きじゃくる仲間を笑顔で抱きしめました。ラストミーティングが終わり一人で球場のトイレへ行き、鏡の前でハチマキを取った時、額には去年の先輩と同じように僕にも日焼けの跡が残っていました。それを見た瞬間……なぜだか涙があふれだしてきました。

日焼けのハチマキの跡は、僕が高校野球をしてきた証しだったのだと思っています。

あれから10年、応援団長をした最後の夏が社会に出た私を今でも支えてくれています。

第11章

高校野球を目指す中学生へ

高校は何を一番に選ぶべきなのか

中学3年の春頃から、「どういう高校で野球をしたらいいでしょうか」というご相談をいただきますが、その前に「どういう野球をしたいのか」を教えてくださいと私はいつも聞き返すようにしています。当たり前のようでいて意外にこの一番大切な部分を見過ごしがちなのです。

環境は大切ですが、環境の前に自分の野球観が何よりも大切です。君が思う「野球の楽しさとは何か」が中学3年生であれば言えるようにならないといけません。

厳しい練習の中でガッツリやる高校がいいのか、勝ち負けにあまりこだわらない高校がいいのか……「楽しい野球」に正解はありません。正解がないからこそ自分の考えが重要なのです。ここから高校選びを考えていきましょう。

考えは人それぞれですが、高校のネームバリューだけで選んだり、部員が多い、少ないで選ぶのはあまりいい高校選びとは言えません。自分がどういう野球をしたいのかという答えに一番近い高校を選ぶべきです。野球に対しての自分の考えとチームの方針がある程度、合致するところ。チームの方針は言い換えれば指導者の考えであるとも言えます。つまり、指導者＝方針で高校選びをしてほしいと考えています。

甲子園に行くような高校でも指導者の考えは人それぞれです。ネームバリューだけで選ぶのが好ましくないというのはそういうことです。部員数で選ぶのも同じです。部員数で選ぶのは一つの要素にはなるかもしれませんが、これを一番の選択理由にしないでください。あくまでも一番は指導方針であり指導者です。

仮に部員が少ないからという理由だけで入部したとしても、その年や来年に部員がたくさん増える可能性だってあるわけです。こういう外的要因を一番の理由にしてはいけませんし、外的要因は変化します。

練習場所が近いとか遠い、またその設備も中学生にとっては大きなポイントですが、それも一番の理由にしないほうがいいでしょう。しつこいようですが、あくまでも一番の選択理由は方針と指導者です。

どんな指導をしているのかを知る

高校選びで一番大切なことは指導者であるとお話しさせていただきました。しかし、その指導者はA君にとっては魅力的に映ったとしても、B君にとってはそうではないかもしれません。それは君たち一人一人の野球観が違うからです。

野球観というと中学生にとっては難しいかもしれませんが、どうやって野球を楽しんでいきたいか、というふうに置きかえるとわかりやすくなるでしょう。

では、この自分の野球観をしっかり持っている選手と持っていない選手とでは何が変わってくるのでしょうか。

自分の野球観を持っている選手は自分の野球観に近い指導者を見つけます。つまり、自分をきちんと持っている選手はいい指導者と出会う確率が高くなるわけです。いい指導者との出会いは一生繋がるものになります。君が野球観をしっかり持って、その野球観に合う指導者のいる高校に進めば「監督と合わない」「やりたい野球と違う」といったこともなくなります。

気を付けて欲しいことが一つあります。私立高校の場合は、監督が変わることはそうそうありませんが、公立高校の場合は異動があります。せっかくその監督の指導がよくて入学したのに、一年経ったら異動でいなくなってしまったということがあるのです。現在、何年目で、あと何年ぐらいで異動なのかも調べたり、在学している先輩などに聞いたりしておいたほうがいいでしょう。

高校野球の指導者は一生の師になる可能性もあれば、反対に、君たちが野球を辞める原因になる可能性もあります。入学前に指導者のことを調べるのには限界もあります。体験入部などでは君たちを「お客様」としてもてなしている高校もあり、当然いいことばかり言われることも少なくありません。入ってからちょっと違うなということもあるので、先輩や中学のチームの監督、先生などにも相談しながら情報を収集することが大事です。

君たちをもっと野球好きにしてくれるのか、それとも嫌いにさせるのか……指導者との素敵な出会いが待っていることを願っています。

高校野球までに何をしたらいい？

3年の夏頃に中学野球が終わり高校野球までの期間は何をしたらいいのでしょうか。当然のことながら入試があるので勉強を第一に考えなければいけません。その合間を使ってやって欲しいことを述べていきます。

まずは体のケアです。中学野球を終えて痛い箇所はありませんか。肘や肩、腰や膝の状態はどうでしょう。少しでも気になるところがある場合は必ず病院に行ってください。数か月後に始まる高校野球を万全な体で迎えるようにしなければいけません。どこか痛みがあるのをそのままにして高校野球を乗り越えることは難しいです。できるだけ高校野球が始まる前に治しておきましょう。

体のケアを行うと同時に高校野球で通用する体を作らなければなりません。体力アップです。高校野球は今までの中学野球とは違い、練習時間、練習日とも多くなり、練習内容もよりハードなものになります。

そのため、怪我のリスクも高くなります。健康な体はもちろんですが、高校野球をやり切る強い体、怪我をしにくい体を作りましょう。また、怪我をしないようにストレッチなどを今までサボっていた選手は必ずやるようにしてください。防げる怪我は自分の努力も必要です。

多くの選手がこの半年間に勉強などで体力を落としてしまい、高校に入ると最初の練習からついていけなくなります。また入学から数か月で体重が落ちてくる選手がほとんどです。この期間で体のケアと高校野球をやり遂げる体力をつけましょう。

中学野球を引退して全く体を動かさないと高校入学後に練習についていくのが厳しくなります。硬式チームであれば、後輩たちの手伝いをしながら練習に参加したり、中学の部活だったら硬式チームで3月まで入部させてくれるところもあります。ボールに慣れるためにもいい機会になると思います。

君たちが体を動かさない間も先輩たちは毎日、体を動かしています。「高校へ行ってからでいいや」という気持ちでいると、それは高校野球のスタートが遅れることを意味します。

大好きな野球を好きでいられることの幸せ

矢口竜太郎君。享年13。

高校野球までやったお父さんとウグイス嬢に憧れていたお母さんの元で山形県鮭川村で生まれた竜太郎君。お兄さんの影響もあり少年野球から野球を始めました。

お父さんもコーチをし、お母さんも大好きなアナウンスをしていました。中学校ではキャッチャー。ところが、大好きな野球を高校野球でも続けたかったであろう竜太郎君は突然の病で13歳という短い生涯を終えました。

急な死を受け入れられなかったご家族や仲間。ご両親もしばらく野球から足が遠のきました。それでも、仲間たちは大会前になると竜太郎君のお墓参りやお線香をあげにきてくれたそうです。

仲間たちは、いつも竜太郎君と戦っていたのでしょう。「竜太郎と共に」その思いをいつも胸に刻んでいたはずです。

お母さんのるみ子さんはそういう仲間や周りの保護者の姿を見ているうちに「自分も一緒に戦いたい」と思い、竜太郎君が入部していた中学の野球部でアナウンスをする決心をしました。

我が子の名前を呼ぶことのないアナウンス。それでも「私も一緒に戦いたい」というるみ子さんの思い。周りの保護者の方は、るみ子さんのアナウンスで全員が涙を流したそうです。

今、竜太郎君の同級生たちは中学校3年生になりました。全員が高校で野球をするそうです。彼らは高校がバラバラになっても思いは同じはずです。

「竜太郎と共に」

その思いを胸に刻んで高校野球を全うするはずです。

竜太郎君のお父さんとお母さんが私にこう言ってくれました。

「あの子たちのお陰でまた高校野球を楽しめます」と。彼らの姿にお父さんもお母さんも竜太郎君の姿を重ねることでしょう。

第12章

背番号の意味

君たちがもらう背番号の陰には、
この背番号を手にすることができなかった
仲間の思いが入っています。
君たちを思うお父さんお母さんの
思いが込められています。

背番号は背中の番号ではなく
いろいろなものを背負う番号とも言えます。
背番号の重みとよく言いますが、
それは多くの人の思いが入っている
「背番号の思み」です。
最後の夏……
置かれた場所は違うかもしれませんが、
目指す場所は一緒のはず。
思いも同じはずです。
子どもの頃から憧れていたあの「聖地」へ。

覚悟と誇り、そして信頼のエースナンバー

背番号

1

マウンドという山は低いけれど、その山に登るまでの道のりは険しいものだったはずです。背番号1を付けてマウンドに登るために、君は人一倍努力してきたからこそ、そのマウンドに立っているのです。そして、そのマウンドに立っているのは、仲間からの信頼があったからこそなのです。

マウンドにいると苦しい場面が出てくるでしょう。孤独を感じてしまうかもしれません。でも、ピッチャーは「一人」だけれど「独り」ではないのです。バッターとの対決は1対1の対決ではありません。

辛くて苦しい場面の時にこそ周りを見てください。そのマウンドという山から仲間たちの笑顔という景色が見られるはずです。試合に勝ち続けると日本一険しい山に登ることができます。それを人は「甲子園のマウンド」と呼んでいます。背番号1の覚悟と誇りと仲間からの信頼を持ってマウンドに上がってください。

背番号

2

思いを受け止め
ホームを守る砦となる

キャッチャーだけが唯一全員の顔を見られる景色で野球をしています。逆に言えば、全員がキャッチャーの顔を見てプレーしています。

キャッチャーはボールを受け止めるだけではありません。ランナー三塁の時にピッチャーが低めのカーブを投げたい。ショートバウンドになりバッテリーエラーで1点入るリスクもある。でも、「キャッチャーが絶対に止めてくれる」と信じているから思いっきり腕を振れます。キャッチャーは「どんなボールでも受け止めてやる」という気持ちと同時に、ピッチャーの思いも受け止めることになります。

外野の間を転々とボールが抜ける。外野手から内野手へボールを繋ぐ。周りの選手は声でそれを繋ぐ。キャッチャーに全ての思いを託して……。キャッチャーはその思いを受け止めてホームベースを守ります。ボールだけじゃなく、繋いできたみんなの気持ちを受け止める。だから、キャッチャーはホーム（家）を守る砦です。

背番号

3

どんなボールでも捕ってアウトにする

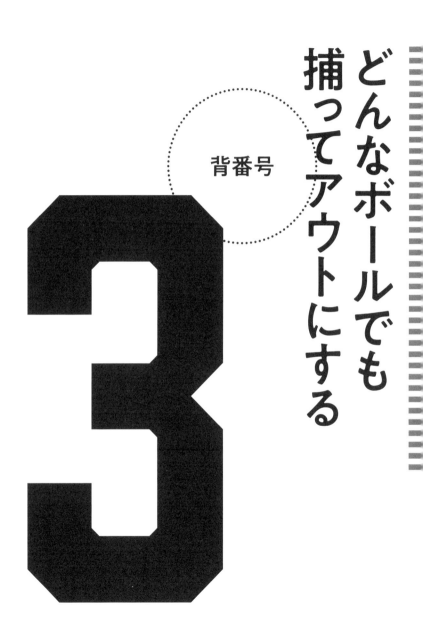

内野手が難しいゴロをダイビングキャッチして捕ったとしても君が捕ってくれなければアウトになりません。守備をキリッと締める重要なポジションです。

内野手がファンブルをしてしまい、慌ててファーストの君に投げて悪送球をしてしまうかもしれません。ボテボテのゴロで間一髪の送球になるかもしれません。そんな時に内野手の気持ちは一つです。

「ファーストのアイツなら捕ってくれる」

「体を伸ばして間一髪のアウトを取ってくれる」

そんな願いを込めて彼らはボールを投げてくるはずです。

ファーストはボール回しの後、ピッチャーにボールを返す場面も多くあるでしょう。雨でボールが滑りやすくなる時があるかもしれません。しっかりボールを拭いてピッチャーに戻してあげてください。

その時に君の笑顔があるとピッチャーも笑顔になるはずです。

背番号

4

広い視野と深い野球脳で内野の要となる

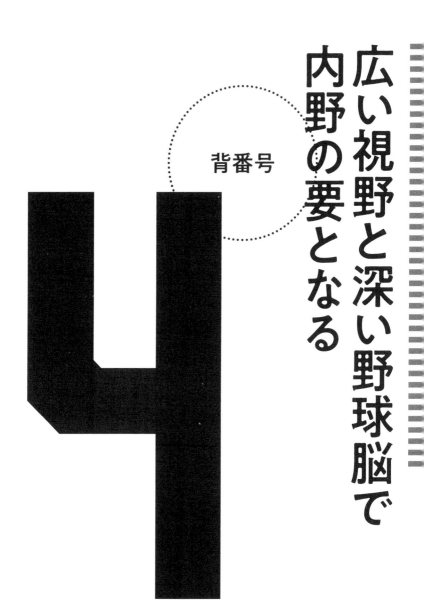

セカンドは内野手の要と呼ばれています。要という言葉の語源は元々、扇の骨を固定する小さな釘を表しています。内野の要と言われる二塁手はいろいろなところで要所を締めていかなければなりません。

ピンチの場面はもちろんですが、大量リードでチームが少し気の緩んでいる時も君の声とプレーでチームを引き締めていかなければならないのです。

セカンドは他の内野手のポジショニングや動きを見やすい場所にいます。逆に言えば外野手のライトとセンターに近い場所にいることにもなります。

内野手に的確な指示を与え、後ろを見て外野手にも的確な指示を与える。そして、自分のポジショニングを考えるのがセカンドの役目です。「状況判断ができる力」が必要とされ、そのためには広い視野と深い野球脳が備わっている選手が守るポジションです。

チームメイトを明るく引っ張ってくれる

背番号

5

左バッターが多くなったせいか、最近は、あまり耳にしませんが、昔は、火の出るような強い打球が飛んでくる場所という意味でサードを「ホットコーナー」と呼んでいました。

あまり聞かれることがなくなったこの「ホットコーナー」という言葉ですが、今の時代でも、サードはピッチャーに声を掛けて心を温め、熱い気持ちをもった選手が守る「ホットコーナー」なんです。

「俺のところに打たせてこいやー」「全部、止めてやるぞー」そんな声を出すサードがいるチームはみんなが元気です。サードは声でチームを引っ張る重要なポジション。そして、太陽のように熱いハートを持ち、みんなを温める心を持ち、太陽のようにチームメイトを明るく照らす三塁手は「ＳＵＮ塁手」とも呼べるのかもしれません。

チームがピンチになって暗雲が垂れ込めたとき、ＳＵＮ塁手がチームのみんなに光を与えてくれるはずです。

優しさと勇ましさを持つ
ショートストップ

背番号

6

ショートは日本では「遊撃手」と呼ばれます。以前ショートというポジションだけベースについていませんでした。ショートはピッチャーとセカンドベースの間を守り、内野を動き回るというポジションだったそうです。

明治時代にそれを見た人間が「ショートは戦列で待機し、あちこちを動き回る遊軍のようだ」と表現し「遊撃手」と呼ばれるようになったということです。こういう話を聞くと野球の歴史を感じます。

昔は「遊撃」という意味だった「遊撃手」。今は、ミスがあれば優しく声をかける「優撃手」であり、前の打球には勇気を持って前進し、横の打球には勇気を持って飛び付く「勇撃手」。

背番号「6」は、優しさと勇ましさを持っている選手が似合います。チームがピンチの時に君の優しさと勇気がピッチャーを助け、チームを助けるはずです。

背番号

7

目に見えない好守でチームを支える

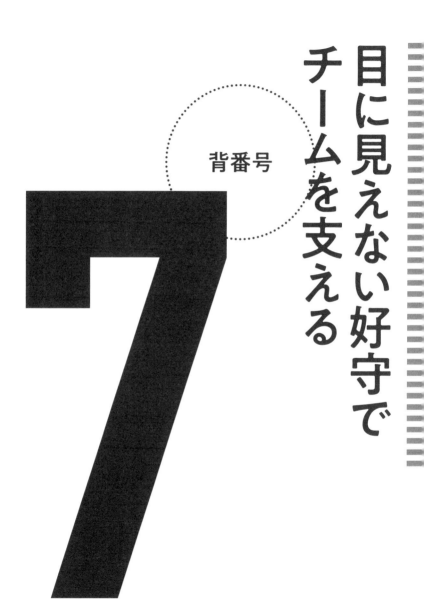

右バッターの強烈な打球。左バッターのライン際に切れていく打球。レフトの守りは難しいものです。

風を計算に入れ、ピッチャーの配球を頭に入れ、そして偵察部隊が調べてくれたデータを頭に入れて、一球一球、君はポジショニングをしていきます。

「レフトがなんでこんなところにいるんだよー」というナイスキャッチは、そんな、君のポジショニングのお陰です。

全てのことを頭に入れたポジショニングは君のファインプレーです。誰もが「抜けた！」と思っていた打球を君が正面で待ち構えている。「目に見えないファインプレー」とよく言いますが、レフトはその機会が多くあるポジションです。

ファインプレーのように見えないファインプレーをたくさん見せて、チームを助けてあげてください。

背番号

8

無限の力をチームに与える

青々とした夏の芝生を走り回る君の姿は何よりも格好いい。右に左に走り回る君はアウトにできないと思うような打球をアウトにする可能性があります。君のその力はチームに無限の力を与えます。「8」という数字は見方を変えれば「∞＝無限」になります。

ライトフライやレフトフライが上がり、ダイビングキャッチをしようかどうかライトとレフトが迷っている時にセンターがバックアップに来てくれるという信頼があるから思い切ったプレーができます。広い外野を右にも左にも走り回ることができる君だから安心して守れるのです。

もちろん、センターフライの時はレフトかライトが来てくれるという信頼があるのでセンターの君は思い切ったプレーができます。これは試合の時だけでなく練習の時からやっているからこそ生まれる「信頼関係」です。君の走り回る姿がチームを「∞（無限）」に元気にしてくれるはずです。

強肩と協肩でチームを救ってくれる

背番号

9

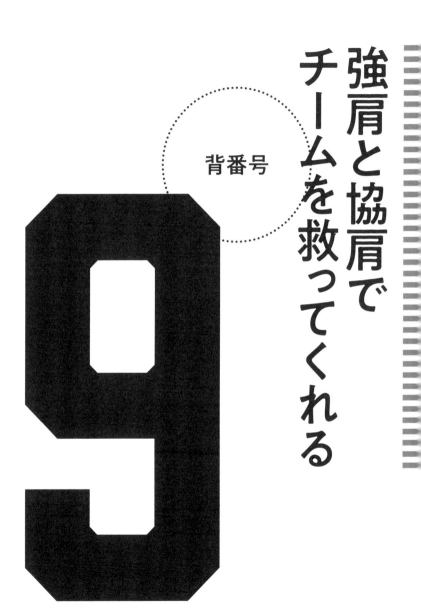

私が子どもの頃に「ライパチくん」という漫画がありました。8番バッターでライト……ライトはどちらかというと守備に不安のある選手が守るイメージでしたが、今はずいぶん変わりました。イチロー選手や松井秀喜選手がそのイメージを変えてくれたのかもしれませんね。

外野手の最大の見せ場。ランナー1塁でのヒットや3塁での犠牲フライ……バックサードやバックホームでアウトを虎視眈々と狙うライトの君が肩をグルグル回しているあの場面は「強肩注意報発動中」です。

ですが、時によっては冷静に内野手にボールを繋いでいかなければならない場面もあります。

強肩ではなく「協肩」の見せ場ですね。自分の思いを内野手に繋ぐ。キャッチャーに内野手と外野手の思いも込めてバックホームでアウトにしてもらう。外野手、内野手が協力していく「協肩」のプレーもライトにとっての見せ場です。

対談●森林貴彦（慶應幼稚舎教諭）×年中夢球

「高校3年間の野球生活で得られるもの」

Takahiko Moribayashi

慶應義塾高校野球部監督。慶應義塾幼稚舎教諭。1973年生まれ。慶應義塾大学卒。大学では慶應義塾高校の大学生コーチを務める。卒業後、ＮＴＴ勤務を経て、指導者を志し筑波大学大学院にてコーチングを学ぶ。慶應義塾幼稚舎教員をしながら、慶應義塾高校コーチ、助監督を経て、2015年8月から同校監督に就任。2023年、夏の甲子園大会で107年ぶりの優勝を掴む。

過程を大切にするのが野球の楽しさ

年中夢球　２０２３年、夏の甲子園では優勝おめでとうございました。慶應高校さんといえば、エンジョイベースボールが全国の野球ファンに強いメッセージとして届いたと思います。あらためて森林監督の考えるエンジョイベースボールについてお聞かせください。

森林　単純に訳すと「楽しい野球」ですが、チャンピオンスポーツとして頂点を目指しているので、勝っても負けても楽しければいい、というものではありません。選手に伝えているのは、「よりレベルの高い野球を楽しもう」ということです。そのためには地道な練習が必要だし、仲間との競争だって、ケガや故障もある。それらを含めてレベルの高いところを目指そうというもので、甲子園では前年優勝の仙台育英さんと最後の試合をやらせていただきました。この試合は勝ち負けを抜きにして最高にエンジョイさせてもらいました。小学生相手に100対0で勝っても面白くない。より高いステージで勝負する、その過程も全部好きな野球だから楽しもうよ、というのがエンジョイベースボールの本意です。

年中夢球　その過程を見ていない人が多いんですよね。

森林　皆さんは優勝したところだけを見てニコニコしていると思われがちで、「笑って野球なんかやれるわけない」と言う人もいますが、あの場面であの表情が出せるのは、それまでにしっかりやってきたからなんです。

年中夢球　練習はどんな感じですか？

森林　もちろん笑顔もありますが、僕たちも厳しい要求をしますし、ハードルもあります。でも仲間とけなしあいにはしたくない。たとえばトンネルをした選手がいたとして、そのことをみんなで責めても仕方がない。準備ができていないのか、ステップが悪いのかという原因を考えるようにします。これこそが過程の大切さであって、ヘラヘラしていたら身につきません。指導者はエラーをした事実や観客が見てもわかるようなことを指摘しても意味がないと思っていて、過程にある問題を共有するようにしています。

年中夢球　共有といっても選手の数も多いと思いますが。

森林　3年生も入れると100名を超えます。実戦系のミスなどは個人に言うよりも全体を集めて「こんなケースではどうしたらよかった?」とその選手だけの問題に終わらせないようにします。言葉で言うよりも具体的なケースでみんなに聞かせたほうが理解しやすくなるからです。また僕は拡声器を使うようにしていますが、遠いところにいる選手に伝えようと大声を出すと怒鳴り気味に聞こえてしまうものなんです。怒鳴られていると思うとつい「はい!」と返事をしてしまいますが、拡声器で落ち着いた口調で「どうだった?」って聞くと伝わりやすいんです。

年中夢球　拡声器は最初からですか?

森林　途中で気付きました。僕らは「はい!」という返事が聞きたいわけじゃなくて本当にわかっているかどうかを知りたいんです。これまでの指導だとあれこれ言って最後に「わかったか!」と言うんですが、この質問は愚問で、「はい!」としか言えません。だっていいえ!」なんて言えませんから(笑)。いままではこれで指導者としては満足だったでしょうが、今の子たちはきちんと理解しないと納得しない一面もあります。

年中夢球　それでいざとなったら「自分で考えろ」と言う指導者もいます。

森林　指導者が答えを全部言っておきながら、自分で考えろと言っても考えたことがないとなかなかできません。これは社会に出ても同じことが言えると思っています。

年中夢球　でもそれって慶應の選手だからできるというふうに言われたりしませんか？

森林　よく「慶應だからスマートに理解するんでしょ」みたいに言われますが、「うちのチームではできません」と言ったら思考停止です。どこの選手だってできると僕は思います。もちろん求めるレベルは指導者によって違うでしょうが、自分で結論を言うのではなく、選手に考える余地を与える指導をすれば、だんだんできてくるものです。

選手が自分で気付くことが大切

年中夢球　たとえばフォームといったようなことは具体的に指導はされますか？

森林　僕にはひとつのスタイルがあって、こうでなくてはならない、みたいなものはなく自分で追求するというのを基本に置いています。ただ、最初に理解しておいたほうがいいことは伝えますが、いまは参考にする材料や動画がいくらでもあるので迷ったらアドバイスするよというスタンスで、明らかに違う方向に努力している場合に修正する感じです。

それぞれに自分の理想があって、現状があり、その差を埋めていくのが練習だと思っているからです。もちろんはじめから自分で考えろというわけではなく、1年生には原理原則や物理的な身体の動きなどを伝えたりするので1年と3年では伝える内容が違ってきます。慶應の場合は、大学生コーチが間に入ってくれるので、高校生と大学生とでマンツーマンで課題を見つけたり、新しいことにチャレンジして、気付いたら僕が知らない間に変化球が増えているなんてことも（笑）。

年中夢球　自主性とか自立というところでしょうが、どこまでの範囲だと考えますか？

森林　練習メニューの理想はオーダーメイドで一人ひとり違うものだと思います。課題も体力も違いますからね。一方で硬式野球はボールやバットは硬いし、グラウンドはでこぼこなので安全管理の面から大枠はこちらが決めて、それに沿って動く感じです。僕は、キャッチボールの時間にキャッチボールをすると言っています。

年中夢球　えっ、キャッチボールをしないんですか？

森林　もちろんキャッチボールをするんですよ。でも試合のときにどう投げるかを練習するのがキャッチボールだと考えていて、今日は10分間のキャッチボールで握り替えを意識してみようとか、弾いた後に素手で投げる練習をしようといったように前の試合で失敗をしたことを確認するという考えです。ティーバッティングもただ数を打つのではなく、置きティーでインコースを打ったり、変化球にやられたから斜めから投げてもらうなど、引き出しを作るように練習していく。この引き出しがないと限られた時間の中でスカスカな練習になってしまうのです。

年中夢球　たとえば少年野球で「自分で考えて練習しろ」と言っても引き出しがないからできないですよね。

森林　それは無理です。いろんなドリルや基本的なことは教えてあげるべきです。高校生になれば、その引き出しがあるので、この前、守備の時にあったあの課題をクリアしたいと思えるわけです。ただ、明らかに守備が課題なのにバッティングばかりやっている選手には、「試合に出たかったら何をしたらいいの？」とは言いますが、答えは自分で出してほしくて気付かせるというイメージです。

役割を持つことの重要性

年中夢球　100人も選手がいると全員のモチベーションを維持するのは大変ですよね。

森林　モチベーションが下がるというのは目標を見失っているときです。いまメンバーに入れていない、故障は治ったけど思うとおりにできないなどです。人間は目標があると意欲や向上心が高まり、ある程度がんばれます。あとは周りでがんばっている子がいたら、俺も負けられないという気持ちも必要で、個人の目標をチームの目標に巻き込んでいくという空気も大切になります。そのほかには役割を与えることで、自分がこれをやらないとチームが成り立たないという状況を作ることもあります。

年中夢球　選手に役割を与えるということですか？

森林　夏に向けてデータ分析にまわるとか、1年生の担当になるとか、チームに貢献している実感があるとやり甲斐になってきます。

年中夢球　それは踏ん切れるものですか？

森林　すんなりいかないこともあります。1学年に1人、マネージャーになってもらうのですが、指名したときは泣いて「考えさせてください」と。選手は親に相談したりするし、僕も数日掛けて説得します。でもそれはキャプテンと同じくらい大事な役割で、うちのチームの場合は大学の野球部のマネージャーに近いくらいの仕事を任せます。だから、選手にはこうやってみんなのためにやってくれるから野球がやれているんだ、とことあるごとに伝えてリスペクトするようにしています。

高校3年間とはどんな時間か

年中夢球　私は3年間の高校野球人生を終え

たら、孝行球児だよとこの本で伝えてきましたが、森林さんにとって高校野球とは？

森林　うちの目標は「慶應日本一」です。その意味は二つあります。一つは野球で日本一になること。そしてもう一つは日本一に相応しいと思われるチームや部員であれ、ということです。野球と人間性は両輪だと言っています。野球だけできればいいわけじゃなくて、生活態度も問われます。グラウンドで監督に挨拶できて、近所の人に挨拶できないようでは意味がありません。「チワっす」みたいな挨拶もグラウンドでは通用しても会社の社長に言えますか？　ということです。高校野球でしか通用しないちっぽけなことはやめよう。その後の人生で生きるものを身につけてほしいと思っています。そして今は、自分のアイデアや他の人と違うこと、また問題を見つけて解決する力が社会では求められます。それを3年間の野球生活で身につけることができると僕は思っています。

年中夢球　最後に高校球児にメッセージをお願いします。

森林　高校3年間の野球人生は自分が思っている以上に自分の成長に繋がっているものです。それを誇りにしてほしいし、いま感じられなくても大人になったらきっとあの3年があってよかったと思えます。高校野球を最後までやりきってください。

高校野球のゴールは未来の始まり

高校野球を振り返ってみた時に君たちが手に入れたものは何だったのでしょうか。友情、信頼、絆、想い遣り、最後までがんばる大切さ、感謝……どれも目に見えるものではなく心で感じ取ったものです。心で野球をすることによって初めて「道」となります。そう考えると日本には様々な「道」と名の付くものがありますね。書道・茶道・華道・柔道・剣道……どれも「心」を重視するものばかりです。野球も同じです。君たち一人一人にそれぞれの「野球道」があったはずです。

道を歩いていると高い高い壁があったでしょう。乗り越えられないと思ったあの壁。もう野球を辞めてしまおうかと思っていたあの高い壁も振り返ってみると、思っていたよりも低い壁だったことがわかります。その壁を越えてきたからこそ、君を守ってくれる「砦」に変わってくれたはずです。

道を歩いていると、ゴールとは違う道に行ってしまったこともありましたね。そんな時に監督さんやコーチが「こっちの道ではないよ」と手を繫いで一緒に引き返してくれました。振り返ってみてください。あの時、正しい道から外れていた先は真っ暗な森だったことがわかります。周りの人のお陰で「高校野球」の最後までたどり着けました。

道を歩いているともう歩けないと立ち止まってしまうこともありましたね。そんな時に仲間が背中を押してくれて再び歩き出せました。「歩く」という漢字は「少し止まる」と書きます。どうしても歩けないと思った時は立ち止まってもいいことを知りました。立ち止まったからこそ、上を向けば、空の大きさに元気をもらい、下を見れば、雑草の力強さを感じられたのです。

高校野球の最後の夏を終えた皆さん、君たちが歩いてきたからこそ生まれた君たちだけの「野球道」ができあがっています。その道は、一人で歩いてきた道ではありません。お父さんお母さん、指導者、仲間がいてくれたからこそ歩いて来れた道。高校野球の「ゴール」を迎えたということは何かが「スタート」をするということになります。スタートは未来の始まりです。字の通り「未だ来ていない」から未来。「未来」も目に見えるものではありません。

ですが、野球を通して「心」で感じ取ったものを手に入れた高校球児の皆さんには明るい未来が待っているはずです。

２０２４年２月　年中夢球

年中夢球《ねんじゅうむきゅう》

学童野球や硬式クラブチームで20年に渡る指導、
野球少年の父としての実体験を活かした精神面でのサポートに、
子どもたちの野球現場に関わるユーザーから多くの支持を集める。
SNSやブログでの情報発信をはじめ、
書籍の出版、講演会など、活動は多岐に渡っている。
著書に『球育』『球極』『なぜ元気な会社には補欠がいないのか』
『少年野球児典』（日本写真企画刊）などがある。

公式サイト
https://nenjyu-mukyu.com/

野球動画サイト TURNING POINTに出演中
https://tp-bb.jp/

参考
機関誌「心理学ワールド」47号
「野球に"流れ"は存在するのか?」榊原良太

高校球児が孝行球児になる日

発行日	2024年2月16日　初版第1刷発行
著者	年中夢球
発行人	片村昇一
発行所	株式会社日本写真企画 〒104-0032 東京都中央区八丁堀4-10-8 第3SSビル601 TEL/03-3551-2643　FAX /03-3551-2370
デザイン	宮原雄太（ミヤハラデザイン）
イラスト	PYAA
編集	藤森邦晃
印刷・製本	シナノ印刷株式会社

Printed in Japan　ISBN978-4-86562-182-2　C0075